KB097306

어쩌면 이상한 몸

어쩌면 이상한 몸

장애여성의
노동, 관계, 고통,
쾌락에 대하여

장애여성공감 지음

일러두기

1. 장애여성: '장애 여성'이라고 띄어서 표기할 경우에 '장애'가 '여성'을 수식하는 것처럼 보일 수 있다. 장애여성을 하나의 정체성으로 이야기하고, '수식어-명사'라는 구분 없이 하나로 연결된 언어로 이해될 수 있도록 붙여서 '장애여성'으로 표기했다. 같은 맥락에서 '발달장애여성'도 붙여서 표기했다.

2. 활동보조/활동지원: 제도적으로는 '장애인 활동지원 제도'이고, 일상생활에서는 '활동보조'와 '활동지원'이라는 용어 둘 다 쓰인다. 이 책에도 필요에 따라 두 가지 용어를 섞어서 사용했다. 주로, 보조하는 행위 중심으로 설명할 때는 '활동보조'를, 제도나 체계를 설명할 때는 '활동지원'을 썼음을 밝혀둔다.

퀴어한 몸들의 위험한 이야기가 끼칠 반응을 기다리며

글: 김은정
시라큐스대학교 여성/젠더학과 및
장애학 프로그램 부교수

《어쩌면 이상한 몸》에는 사회가 강요하는 정상성에 맞서온 열 사람의 일상과 인생, 사회운동과 투쟁이 담겨 있다. 직접 쓴 글도 있고, 이야기로 나눈 것을 이들과 함께 오랜 시간 일한 사람이 정리해 쓴 글도 있다. 정리한 이의 생각도 결을 더했으니 이 책을 읽으면 열네 사람의 역사와 통찰을 만나게 된다. 20년 전, 1998년에 이름지어진 장애여성공감이라는 단체에서 만나고 함께 일하면서 나눈 서로 다른 사람들의 생존과 고민, 고통과 즐거움, 과거와 미래에 대해서도 알게 되고, 이들에게 드러난 사회의 구조적 문제에 대해서도 알게 된다.

직업 활동도 장애도 건강 상태도 다양한 이 열네 사람은 영화, 텔레비전, 각종 매체에서도, 유명 베스트셀러에서도 찾을 수 없는 자신의 신념과 철학을 이 책에 담았다. 이 책에 등장하는 이야기들은 사회가 정상성을 지키기 위해 열심히 지워버렸거나 개인의 감동으로 소모되고 사라지도록 포장해왔던 것들이니, 이 책을 만난 것은 아주 드물게 찾아오는 행운이다. 이 책을 쓴 사람들도 이를 잘 알고 있었던 듯하다. 30대 후반에서 60대 초반에 이르는 장애여성들이 인권운동, 예술 공연, 영업, 양육, 미술, 정치 활동, 생산 활동, 일상의 노동, 지역사회 네트워크 만들기 등을 하면서, 몸으로 부딪치며 사회와 제도를 바꾸며 살아온 몸의 감각이 젊은 장애여성들에게 전해질 수 있도록 그 경험을 잘 기록해두고 싶다고 서문에서 밝혔듯, 이 책은 비장애인들에게 장애여성의 이야기를 들어달라고 부탁하지 않는다. 대신 책에 담긴 주인공들의 이야기가 장애와 질병을 가지고 살아갈 후배 세대가 간직할 소중한 자산이고, 인생의 참고 자료가 되길 바란다고 했다. 그래서 이 책에 담긴 이상한 사람들의 이야기는 고분고분하지 않을뿐더러, 위험하기까지 하다. 존재하는 모든 몸들이 존엄하다는 사실은 정상성과 기능, 쓸모에 따라 매겨지는 가치에 위배되고, 절대 남에게 폐 끼치면서 살아서는 안 된다는 사회의 공공연한 원칙에 위배되기 때문이다. 존엄하기 위한 노동은 모두에게 필요하며, 끊임없이 의사소통하며 서로를 직면하고 몸을 접촉하면서 익혀지는 것이라고 말한다. 정상성의 사회는 다른 사람에게 의존하는 것에 대한 공포를 퍼트리면서, 선택적으로 어떤 의존들은 의존이 아닌 것처럼 은폐해왔다. 그 속에서 장애여성들은 독립은 의존 없이 불가능하다고, 의존하는 삶이 시설 수용을 정당화할 수 없다고 외친다. 또 어떻게 사회가 장애인들의 노동에 의존하고 있는 지도 당당하게 드러낸다. 장애를 가지고 살아온 사람들이 축적해온 지식 없이는 인식이 확장되고 해방된 사회를 만들 수 없다.

또한 이 책은 정상성이 장애와 젠더를 통한 규율을 만들어내는 과정에서 금지된 몸, 섹스, 양육, 노동과 통증, 나이듦, 활동보조를 받는 경험을 결코 단순하지 않게 풀어낸다. 투쟁을 통해 쟁취한 활동보조에 대해 이야기하면서 이로부터 벗어나고 싶다고도 하고, 현재 머물고 있는 자리에서 튕

겨져 나오는 것을 겁내지 않겠다고 한다. 나이 들면서 예측할 수 없는 몸의 변화가 스릴 있다고 거침없이 말하며, 사회가 모두 맞춰주기엔 자신의 욕구와 욕망이 너무 변화무쌍하다고 말한다. 하지만 이 책의 주인공들이 처음부터 이렇게 당당했던 것도 늘 해답을 가지고 있는 것도 아니다. 많은 배제와 편견, 제도의 억압, 차별, 크고 작은 폭력의 경험은 체화되어, 때론 생존과 일상 그리고 저항에 대한 통찰을 주는 자원이 되기도 하지만, 불안함과 고통, 분노와 두려움을 주기도 한다. 확실한 것은 우리가 존재하는 한, 우리는 몸과 분리될 수 없고 관계를 떠나서 살 수 없다는 것이다. 그래서 이들이 꿈꾸는 미래와 소망은 소박하다. 장애여성공감의 20주년을 기억하듯 친구들의 생일을 챙겨주고, 무대에 계속 오르며, 장애여성 인권운동을 하고, 의존하는 삶으로 다른 사람들과 연대하며, 날아갈 꿈을 꾸고, 새로운 섹스 파트너를 만날 기대를 하며, 장애여성공감의 활동가가 되는 꿈을 꾼다.

남에게 피해 주지 말고 혼자 알아서 살라고 말하는 사회에서 폐 끼침이 두려워 정상성이라는 틀 안에 갇혀 있는 사람들에게 이 책은 의존하는 기술과 과정을 알려주고 있어 더없이 귀하고 소중하다. 한국어 사전에 나온 '끼침'의 의미는 "영향, 해, 은혜 따위를 당하거나 입게 하다" "어떠한 일을 후세에 남기다" "기운이나 냄새, 생각, 느낌 따위가 덮치듯이 확 밀려들다"여서 생각보다 다중적이다. 결국 '끼침'은 연결된 존재들 간에 일어나는 일을 해와 은혜로 규정하는 도덕적인 판단을 담을 수도 있지만, 역사의 기억일 수도, 주변의 존재들이 일으키는 내 몸의 반응일 수도 있다. 이제 의존이 두려운 사람들, 노화와 질병이 두려운 사람들, 건강하게 살다가 어느 날 갑자기 죽기를 바라는 사람들도 이상한 퀴어의 몸들이 들려주는 이야기들이 끼칠 몸의 반응을 경험할 준비가 되었기를 바란다.

차례

우리는 이상한 몸을 가지고 있다

글: 강진경

장애여성. 이 표현이 낯설지 않은가? 일반적 인구 집단을 특별한 설명 없이 그냥 '남성'이라고 전제하는 방식처럼, 오랫동안 '장애인' 앞에 '여성'을 붙여서 여성 장애인으로 표현하는 것이 이 사회에서 익숙한 방식이었다. 장애여성공감의 첫 번째 슬로건은 '나는 장애를 가진 여성이다'였다. 장애여성이 가진 '여성'의 정체성을 드러내며 초기부터 여성주의를 기반으로 해온 지향을 담은 언어이기도 했다. '장애를 가지고 있다'는 표현은 '장애'가 우리가 가진 복합적인 정체성 중 하나이며 내 삶의 중요한 조건이지만 그 자체가 나를 지칭하는 전부는 아니라는 뜻이었다. 젠더와 장애가 교차되는 '장애여성'이라는 언어는 장애여성공감의 운동적 지향을 압축하고 있다.

최근 한국 사회에서 페미니즘 운동이 대중화되면서 우리

도 새로운 변화들을 느끼고 있다. 한편에서는 여성뿐 아니라 다양한 소수자들과의 연대를 지향하는 페미니스트를 비하하는 '쓰까페미'라는 말이 들리기 시작했고, 그럴수록 '쓰까페미'를 지향하는 페미니즘 담론에서는 '교차성'이 더욱 주목받았다. '쓰까페미' '교차성'이라는 개념을 통해서 장애여성운동이 페미니즘 안에서 새롭게 조명되기도 한다. 하지만 장애여성공감은 교차성이라는 개념이 알려지지 않았을 때에도 페미니즘에 개입하고, 페미니즘이 소수자 운동과 사회정의 운동과 연결되어야 한다고 주장해왔다. 우리는 장애인운동 안에서는 여성 단체의 포지션을 갖기도 하고, 여성운동 안에서는 장애인 단체의 역할을 요구받을 때가 많지만, '여성'이나 '장애인'이라는 이름으로 분절되는 것이 아니라 장애여성의 경험이 통합적으로 이해되기를 바랐다.

이 책은 장애를 가지고 살아온 10명의 여성들의 다양한 몸, 노동, 관계, 고통, 쾌락의 이야기를 담고 있다. 장애를 가지고 산다는 것은 제도와 분리될 수 없는 삶을 의미한다. 한국에서 장애여성운동이 본격화된 1990년대 말은 장애인의 일상생활에 필요한 가장 기본적인 지원 체계조차 마련되지 않았던 시기였다. 그때와 비교하면 지금은 많은 변화가 생겼다. 2000년대 초반 이동권 투쟁을 시작으로, 장애인운동의 강력한 투쟁은 장애인의 삶에 필수적인 많은 제도적 변화를 이끌어냈다. 이 책의 주인공들 중 가장 젊은 사람은 서른 살

전후의 나이이며, 대부분은 30대 후반에서 60대 초반의 장애여성들이다. 이들 중 대다수는 이런 제도를 만들기 위해 싸워왔고, 제도를 만든 이후에도 그 제도의 이면과 또 다른 일상의 문제를 위해 투쟁을 지속해가고 있다. 또 이들의 삶은 그 이전에 전동휠체어, 장애인콜택시, 활동지원 제도가 없던 시기에도 자신의 몸으로 부딪치며 살아온 삶이다. 이들의 몸의 감각이 젊은 장애여성들에게 전해질 수 있도록 그 경험을 잘 기록해두고 싶었다.

운동이 이끌어낸 제도적 변화는 컸지만 장애여성을 바라보는 사회와 언론의 시선, 대중문화에서 장애여성을 재현하는 방식은 크게 달라지지 않았다. 이는 제도적 투쟁보다 더 공고한 벽과의 싸움이었다. 여전히 장애여성들은 무력한 피해자이거나 보호가 필요한 대상으로 그려지는 경우가 많다. 많은 여성들이 대중문화 속에서 강하고 멋진 롤모델을 찾고 환호할 때도 장애여성 롤모델은 찾기가 쉽지 않다. 장애여성들이 자신의 삶에 대해 막막함과 두려움을 느낄 때 어떤 이야기들을 참고할 수 있을까? 우리는 이 책이 장애여성들에게, 장애여성과 함께 살아가는 사람들에게 좋은 참고 자료가 되길 바란다.

이 책은 장애여성들이 자신의 삶을 돌아보며 직접 작성한 글과 인터뷰를 정리한 글로 이루어졌다. 오랜 기간 활동가로 살아오며 자신의 생각과 경험을 나누는 것에 익숙한 사람들도 있지만, 자신의 삶을 누군가에게 한 번도 드러내지 않았던 사람들도 있다. 상대방이 원하는 이야기가 무엇인지, 자신의 경험을 어떻게 설명해야 하는지 갈피를 잡기 어려워하는 분들도 있었다. 이들의 경험은 대다수의 여성 혹은 장애여성들이 경험하는 '일반적인' 삶과는 다소 거리가 있을지도 모른다. 하지만 이런 경험을 극단적이거나 선정적인 방식으로 다루지 않으려고 했고, 억지로 우리가 원하는 방식의 이야기가 나오도록 만들지 않았다. 단지, 몸, 섹스, 통증, 양육, 노동, 나이 듦, 활동보조 등의 키워드로 장애와 젠더가 교차하는 삶의 맥락을 읽어내고자 했다. 장애여성공감의 글이나 주된 고민을 접하면 많은 사람들이 '중요하지만 어려운 이야기'라는 반응을 보였다. 그래서 이 책을 통해서 장애여성이 경험하는 거대한 문제들이 삶의 서사 안에서 어떻게 드러나는지를 충실히 전달하고자 했다. 이 이야기들이 독자들에게 부드럽게 느껴질 수 있겠지만 동시에 강력한 투쟁의 언어로도 전달되면 좋겠다.

조미경은 뼈가 잘 부러지는 골형성부전증 장애를 가지고 통증과 분리될 수 없는 삶을 살아왔다. 어린 시절부터 엄청난 통증과 예측 불가능한 일상을 기본 전제로 살아왔으면서도 점차 진화하는 장애에 적응해가는 자신만의 방식을 찾아가고, 그 과정에서 건강하고 장애가 없는 삶을 기준으로 구성된 사회에 질문을 던지는 글을 만날 수 있다.

박김영희는 장애여성운동에서 시작해 진보정당 활동을 거쳐 여전히 장애인 권익 옹호 운동의 현장에서 활발하게 움직이고 있다. 많은 장애여성 활동가들에게 큰 영향을 끼쳐온 '큰언니' 혹은 '열혈 대표님'의 모습이지만 점점 나이가 들어가면서 몸에 대한 통제력을 잃어가고 이전보다 더 많은 부분을 타인에게 의존해야 하는 자신을 대하는 건 어떤 투쟁보다 쉽지 않은 듯하다. 일반적인 생애주기에서 벗어나 '늦은 나이'에 교육을 받고, 독립을 하고, 활동가가 된 장애여성이 장애와 함께 나이가 들어가는 삶을 오래도록 나누고 싶다는 기대를 갖는다.

레드는 장애여성의 섹스에 대해 이야기하고 싶었던 우리가 간절하게 찾던 바로 그 사람이었다. 여성주의를 공부하거나 훈련받은 활동가가 아니지만 자신이 맺어온 관계를 기반으로 남성 중심적인 성 문화에 날카로운 비판을 던지는 인터뷰 과정이 유쾌했다. 섹슈얼리티에 대한 고민을 삶과 연결시켜 오랫동안 이어온 그 덕분에 자신의 욕망과 그것을 실천하는 방식을 구체적으로 표현하는 장애여성의 목소리를 담을 수 있었다.

한국에서 소아마비 마지막 세대로 분류될 수 있는 배복주는 어린 시절의 경험부터 쌓여 있던 자신의 몸에 대해 갖는 복합적인 감정을 설명한다. 유머러스하면서도 솔직한 그의 글에서, 자신의 노력으로 '장애를 극복할 수 있을 것'이라는 생각을 가지고 정상성의 규범에 맞는 역할을 수행하며 살다가 페미니즘을 만나고 장애여성운동을 하면서 변화한 과정을 볼 수 있다.

경순은 샤르코 마리 투스라는 희귀 질환으로 인한 장애를 가지고 60년을 살아왔다. 교육도 받기 어려웠고, 가진 것도 없이 집을 나와 무모할 정도로 자신의 삶을 개척하고 자신과 같은 장애를 가진 두 딸을 키웠다. 어쩌면 가장 극적인 삶을 살았을 것으로 짐작되는 그는 자신의 이야기를 꺼내놓는 것을 가장 어렵고 난감해하던 사람이다. 때론 고집스럽다고 생각할 법한 자신의 신념과 방식을 지키며 살아온 그의 삶은 장애를 가지고 사는 후배 세대가 간직할 소중한 자산이다.

김상희는 한국에 활동보조 제도가 처음으로 알려졌을 때부터 활동지원사에게 보조를 받으며 일상을 살아오고 있다. 그에게 활동보조 제도는 억압적인 가족을 떠나 독립생활을 가능하게 한 가장 중요한 제도지만 동시에 많은 긴장과 갈등을 불러일으키는 문제이기도 하다. 장애여성 관점에서 활동보조 이슈에 대해 꾸준히 이야기해온 그는 이번에도 일상적으로 보조를 받는 사람이 감당해야 할 많은 감정노동과 중증의 장애를 가진 여성이 보조를 받을 때의 문제의식을 생생하게 포착한 글을 썼다.

서지원은 장애여성공감의 연극팀 '춤추는허리'에서 오랫동안 활동해오며 배우와 연출 역할을 맡고 있다. 그의 이야기에서 언어 장애를 가진 중증 장애여성이 연기를 하고, 강의를 하고, 스텝들과 소통을 할 때의 역동과 고민을 엿볼 수 있다. 사회생활의 경험을 많이 갖지 못한 장애여성이 무대예술이라는 '전문적' 분야로 여겨지는 현장에서 무조건 '배려' 받는 것이 아니라 치열하게 논쟁하고 싸우고 실패하면서 장애여성 예술을 실천하는 과정을 그렸다.

조화영은 이 책의 주인공 중 유일하게 발달장애여성이다. 발달장애여성 합창단 활동을 거쳐 '춤추는허리'의 배우로 자리 잡고, 외부 인권 활동에도 욕심이 많은 그의 에너지는 자신의 노동 경험을 얘기하는 긴 인터뷰 과정에서 몸으로 직접 전해졌다. 자신을 표현하고, 자기 목소리를 내는 것에 관심이 많은 그는 사회적으로 드러나지 않던 발달장애여성이 하는 노동의 다층적인 면모를 보여줬다.

안인선은 벌써 20년 가까이 자동차 영업사원으로 일하고 있다. 이미 언론에서 몇 번 인터뷰를 한 적이 있을 만큼 특이한 이력으로 주목받았지만, 이번에는 '장애여성공감 1호 회원'으로서 친구들이 활동가의 길을 걸을 때 '운동'으로 자동차 영업을 선택했다는 점을 주목하고 싶었다. '성공한 장애여성'의 모델처럼 보이는 사회적 평가와 다르게 자신의 삶이 비장애여성 노동자들에게, 다른 장애여성 후배들에게 큰 영향을 끼치지 못한 점을 성찰하는 목소리를 담고자 했다.

영진은 한국에서 탈시설 운동이 본격적으로 시작되기 전에 시설을 나와 독립을 시도했다. 어렸을 때부터 한국의 다양한 시설을 경험하며 살아온 삶이지만, 불행이나 결핍만이 아닌 다양한 결이 담긴 기억을 가지고 있다. 많은 시행착오를 겪고 현재는 혈연 가족이 없는 탈시설을 한 장애여성들과 함께 느슨한 네트워크를 이루어 사는 그의 모습은 '탈/시설'이 기나긴 과정이라는 것을 보여준다

이 책을 마무리하는 이진희의 글은 오랫동안 장애여성운동을 해온 활동가의 개인적인 소회처럼 보일지도 모른다. 하지만 장애여성들과 함께 '동료로 살아왔거나 그렇게 살고 싶은 사람이라면 이 글의 촘촘한 밀도 속에 숨어 있는 갖가지 감정과 고민, 갈등의 역동을 발견할 것이다. 필자 고유의 언어로 장애여성운동의 정서를 잘 포착해낸 드문 글이다.

우리는 이상한(queer) 몸을 가지고 있다. '모든 몸은 아름답다' '장애인도 비장애인과 다르지 않다'는 말은 때때로 차별에 저항하기 위해서 채택하는 선언이지만 각자가 가진 차이들을 쉽게 지우거나 고유한 삶의 방식들을 질문하지 않게 만든다는 점에서 너무 뭉뚝하고 얄팍하다. 장애여성들은 정상성의 기준을 해체하고 사회의 규범에 도전하는 퀴어한 사람들이며 각기 다른 몸을 가지고 고유의 방식으로 자신의 삶을 만들어나가고 있다. 퀴어함은 성소수자를 '이상하다'며 비하하는 말이었지만, 사회와 불화하는 그 이상함이 사회가 추구하는 정상성의 폭력을 알아차리고 새로운 길을 모색하게 하는 정신이 되었다. 우리는 여기에 깊이 공감할 수 있다. 사회와 국가는 온전하지 못한 기능이나 스스로 구할 수 없는 능력을 가진 사람을 차별하고 배제하지만, 바로 거기에서

불구의 정치가 피어난다. 불구는 장애인을 비하하는 말이지만 우리는 불구의 정치를 통해서 단지 사회질서에 통합되기 위한 장애 극복을 거부한다고 선언한다. 이상한 몸은 불구의 정치를 위한 우리의 힘이다. 이런 우리의 퀴어함이 자랑스럽고, 퀴어한 존재들과 동료로 만날 수 있다는 사실이 다행스럽다.

끝으로 자신의 삶의 경험을 글과 말로 나누어준 이 책의 주인공들과 장애여성의 언어를 함께 고민해온 필자들에게 감사하다. 날카로운 관점과 신뢰의 마음으로 추천사를 써주신 김은정 님과 류은숙 님에게도 고마운 마음을 전한다. 원고별로 중요한 지점을 잡아주며 다양한 글이 한 권의 책으로 정리될 수 있도록 긴 과정 동안 애써주신 강혜란 선생님과 오월의봄에도 감사드린다. 지금도 다양한 인권 현장에서 싸우고, 말하고, 움직이며 살아가고 있는 많은 분들에게 연대의 마음을 전한다.

장애여성공감 활동가들을 대표해서 강진경 씀

1부

진화하는 장애, 익숙해지지 않는 통증

글: 조미경

"제 장애는 골형성부전증이에요." 이 말을 들으면 대부분 사람들은 눈이 동그래지면서 그런 말은 처음 들어본다는 듯 '그게 뭔가요?'라는 표정을 짓는다. 사람들의 이런 반응은 골형성부전증이라는 용어 자체가 어렵기도 하고 또 흔하지 않은 장애이기 때문이다. 골형성부전증은 쉽게 말해서 '작은 충격에도 뼈가 잘 부러지는 장애'다. 모든 장애가 그렇듯 장애 유형은 같아도 장애 정도에 따라서 개인마다 장애로 인한 경험이 다를 수 있는데, 나는 골형성부전증 환자 중에서도 장애 정도가 심한 편이다. 40년 이상을 살아오면서 백 번이 훨씬 넘게 골절을 경험했다. 사실 백 번은 그냥 '많다'라는 표현이지 내가 얼마나 자주 뼈가 부러졌는지 수치로 헤아리기 어렵다. "너를 낳을 때 머리가 아니라 다리부터 나온 거야. 조산사가 네 두 다리를 잡고 거꾸로 끄집어냈는데 너무

자지러지게 울더라고. 나중에 보니 다리가 부러져서 달랑달랑. 그때는 그게 장애 때문이라고 생각도 못했지"라는 어머니의 증언처럼 나는 태어나면서부터 골절을 경험했다. 중증의 골형성부전증인 경우 엄마 배 속에서부터 골절을 경험하기도 한다니 어쩌면 나도 그랬을지 모르겠다. 하여튼 골형성부전증이란 장애를 가지고 태어난 나는 지금까지 말 그대로 뼈가 완전히 두 동강 나는 골절 외에도 살짝 실금이 갔던 것까지 포함해 수백 번이 넘는 골절을 경험했고, 그래서 골절은 나의 일상이기도 하다.

골형성부전증? 그게 뭐예요?

장애여성 인권운동을 하고 있는 활동가로서 간혹 비장애인을 대상으로 하는 강의를 할 때 내 장애에 대한 설명이 필요한 경우가 종종 있다. 그럴 때면 "백 번을 넘게 골절을 경험했다"고 말한다. 그러면 사람들은 '세상에 이런 일이!'라는 표정을 지으며 TV에나 나올 법한 사람이 눈앞에 있다는 듯 시선을 집중한다. 안 그래도 1미터도 안 되는 작은 체구에 팔, 다리가 여기저기 구부러진 몸을 가진 이 장애여성 강사를 마주하고 당혹해하고 있던 찰나였다. 나의 이 한 마디는 사람들이 차마 드러내지 못했던 나의 장애에 대한 호기심을 좀 더 편하게 드러낼 수 있도록 해준다. 강의 시작에 앞서

주의를 집중시키는 데도 매우 효과적이다. 그리고 사람들의 이러한 반응이 매 강의 때마다 거의 같다는 이야기와 함께, 사람들은 왜 장애인을 낯설어하는지, 장애인이 동정과 호기심의 대상이 되는 원인은 무엇이라고 생각하는지를 질문한다. 다소 자극적일 수 있는 이러한 첫 멘트는 단시간에 장애에 대해 관심을 가지게 하면서 결국 '장애는 장애 자체가 문제가 아니라, 장애를 문제이게 만드는 사회가 문제'라는 메시지를 전달하고자 하는 목적 달성에 유용한 전략이기도 하다. 그렇지만 부작용은 있기 마련이다. 내가 전달하고자 하는 주된 메시지보다 오로지 처음에 던진 '백 번 골절'이란 멘트만을 기억하며 초지일관 동정 또는 장애 극복의 대상으로만 나를 바라보는 이들이 있다. 하지만 그런 사람들은 내가 어떤 멘트를 날려도 오로지 자신이 가지고 있는 편견의 틀로 '장애'를 바라볼 것이기에 뭐 어쩌겠는가. 난 사람들이 가지고 있는 장애에 대한 인식을 바꾸고자 나의 장애를 적극 활용하는 것이고, 그럼에도 사람들의 인식은 그리 쉽게 바뀌지 않는다는 것도 너무 잘 알고 있다. 다만 장애가 왜 '낯설고 놀라운 것'이 되는지, 이 '장애에 대한 낯설음'이 문제가 될 때는 언제인지, '낯선 장애'를 가진 이들은 어떤 삶을 살아가는지에 대해서, '장애로 경험하는 일상'을 사람들과 함께 나누고 싶을 뿐이다.

　'장애'는 어린 시절 나에게 말 그대로 '내 인생의 장애물'로 '미래 없음'의 상징이었다. 그러나 정상과 비정상을 끊임없이 나누며 차별과 배제의 문제를 만들어내는 정상성 중심의 사회를 비판하고 이러한 사회를 변화시키고자 장애여성운동을 하고 있는 지금, 장애는 '나를 존재하게 만드는 것'이기도 하다. 장애로 인해 달라질 수밖에 없는 삶의 경험과 관계들, 더불어 장애와 함께 동반되는 통증은 매 순간 나의 일상에 영향을 주기 때문에 장애를 떼놓고 나를 이야기하기 어렵다. 그리고 평생을 함께했지만 시간의 흐름에 따라 장애와 나의 몸은 늘 변화하기 때문에 난 여전히 나의 장애와 '좌충우돌 적응 중'에 있으며, 이 적응에는 마침표가 없을 것이라는 것도 알고 있다.

그리고 하나 더 말하고 싶은 것은 사람은 어느 누구도 하나의 정체성만으로 자신을 설명하기 어렵다. 나 또한 '장애'만으로 나를 설명할 수 없다. 이러한 변화무쌍한 나의 삶이 그냥 '장애인의 삶'으로 설명되는 것이 아니라 비장애남성 중심적인 사회에서 통증을 동반한 '장애'를 가진 '여성'인 내가 살아온 삶의 경험과 그 의미를 세상과 소통하고 싶다. 이 글은 그러기 위해 나에게 집중하는 첫 시도이기도 하다.

골절 변천사, 그리고 파란만장 사고사

골형성부전증은 사춘기를 기점으로 골절의 횟수가 줄어든다고 한다. 실제로 내 주변의 골파(내가 활동하는 단체를 비롯해 장애인운동판에서 동료들끼리 통하는 장애 유형의 줄임말, 일종의 은어로 골형성부전증은 '골파', 소아마비는 '소파', 뇌병변은 '뇌파' 등으로 부르기도 함)들은 성인이 되고 큰 골절 경험은 많이 줄어들었다고 한다. 나도 나이가 들수록 큰 골절의 주기와 횟수는 줄어들었다. 그러나 여전히 골절은 일상이고 작은 충격만으로도 뼈에 실금이 가는 횟수는 오히려 늘어나고 있다. 어쨌든 연령에 따라 나의 골절 경험은 분명 다르다. 나는 내 장애에 대한 이해를 돕기 위해서 나의 골절 변천사와 몇 가지 기억에 남는 사건 사고를 간단히 소개하고자 한다.

영아기~아동기: 쉴 새 없는 골절과 놀라운 회복력!

이 시기 나의 기억은 없지만 어머니의 증언에 따르면 혼자 옹알이를 하면서 팔에 힘주다가 뚝, 엎드려 기어다니기 시작할 때는 빨빨거리고 돌아다니면서 문지방을 넘다가 넘어져 뚝, 목욕하다가 뚝, 매주 수시로 쉴 새 없이 골절되었다고 한다. 하지만 다행히도 이틀, 사흘이면 다시 뼈가 붙었다고 하니 사람이 죽으라는 법은 없나보다. 아 그리워라 놀라운 회복력! 유아기에 접어들면서 하루가 멀다 하고 골절되었던 나는 자라면서 조금씩 골절 횟수는 줄어들었지만 열살이 되기 전까지는 여전히 한두 달에 한 번씩은 골절을 경험했다.

10~20대: 자유롭게 구부러진 나의 뼈들이여!

이미 골절은 나에게 특별할 것도 없는 경험이지만 지금도 기억이 생생한 이 시절 에피소드가 있다. 10대 초반 어느 날 동생과 싸우다가 화가 난 나는 미닫이였던 방문을 쾅하고 힘껏 옆으로 밀어서 닫았다. 그런데 가슴 쪽에 와 있어야 할 내 팔이 직각으로 꺾여 있는 것이었다. 뼈가 부러져서 꺾인 상태를 너무 생생하게 목격한 것도 충격이었지만, 이후 더 충격적이었던 것은 골절 이전에는 분명 곧게 뻗어 있던 나의 오른팔이 골절된 부위 뼈가 휘어져서 붙어버린 것이다! 팔, 다리, 갈비뼈, 손가락까지 부위별로 골절되지 않은 곳이 없고 군데군데 휘어져 있었지만 그때까지만 해도 난 원래 이렇게 태어난 줄 알았다. 내 몸이 그런 이유가 골절 때문이라는 것은 그 사건을 통해 처음 알게 되었고, 적지 않은 충격을 받았다. 그리고 다음 해인가 TV로 삼청교육대 청문회를 보고 있었는데, 당시 증인으로 나온 한 여성이 "고문으로 팔 골절을 당했는데 깁스도 안 해줘서 지금 팔이 휘어 있다"고 증언하는 것을 보고서야 뼈가 부러지면 깁스를 해야 된다는 것도 처음 알았다.

깁스를 하지 않았던 나의 뼈들은 현재 말 그대로 제각기 자유롭게 휘어져 있다. 특히 오른쪽 다리는 심하게 휘어져서 발뒤꿈치가 허벅지에 완전히 밀착되어 있는데, 겉으로 보기에는 그냥 둥글게 말린 것처럼 보이지만 실제 뼈 형태는 좌

우로도 마구 휘어져 있어서 입체적으로 형태를 보여주는 3D
가 아닌 단면의 엑스레이 사진만으로는 그 모양새를 파악하
기 어려울 정도다. 그래서 나는 아직 내 오른쪽 다리뼈가 어
떻게 생겼는지 알 수 없다.

30~40대 현재: 헉, 나이 들어서 이제 뼈가 안 붙는다고요?!

30대에 접어들면서 또 다른 전환기를 맞게 된다. 30대 이
후 현재까지 뼈가 완전히 부러지는 큰 골절은 세 번밖에 없
었다. 큰 골절이 줄어든 반면 재채기나 기침으로 인한 갈비
뼈 실금 등 작은 골절의 횟수는 오히려 늘어났다는 것이고,
더 큰 반전은 큰 골절 시 이전과 달리 더 이상 뼈가 잘 붙지
않는다는 것이다!

뼈가 골절되면 더 이상 붙지 않는다는 것을 처음 알게 된
것은 지금으로부터 9년 전이었다. 집안 대대로 애주가의 피
를 물려받은 나는 여느 때처럼 퇴근길에 사무실 근처에서 동
료들과 함께 술 한잔을 하게 되었다. 그날은 이런저런 이야
기를 나누다가 술을 좀 많이 마시게 되었는데, 지하철이 끊
겨서 장애인콜택시를 불렀다. 콜택시를 타기 위해 골목길 건
널목을 건너려던 찰나 지나가는 차를 피한다는 것이 인도에
차량 진입을 막기 위해 세워둔 볼라드에 전동휠체어가 부딪
혔다. 나는 그만 휠체어에서 떨어졌고 오른팔이 골절되었다.

당시 함께 있었던 동료들은 바로 병원으로 가자고 했지만, 나는 집으로 가겠다고 우겨 잠시 실랑이를 하다가 결국 평소 다니던 대학병원 응급실로 갔다. 그리고 그다음 날, 난생처음으로 골절된 뼈를 붙이기 위해 판을 대어 고정시키는 수술을 받았고, 반 깁스이지만 처음으로 깁스란 것도 해봤다. 그런데 문제는 이전 같으면 2~3개월이면 붙었을 뼈가 6개월이 넘도록 붙지 않았다는 것이다. 나는 결국 골절된 상태에서 활동을 다시 시작할 수밖에 없었다.

그리고 다음 해 휠체어에서 내려오다가 왼쪽 다리가 또 골절되었고, 수술을 앞두고 다른 병원의 새로운 담당 의사를 만났다. 그런데 그 의사는 내가 척추측만증이 심해 폐활량이 매우 줄어서 전신마취 후에도 회복이 안 될 수 있고, 마취에서 깨어난다 해도 회복이 쉽지 않아 뼈가 붙을 가능성이 별로 없으니 일상생활에 큰 어려움이 없다면 '골절된 상태'로 지내는 것도 '하나의 선택지'일 수 있다는 말을 했다.

그때 그 얘기를 듣는 순간 내 안에 있던 몸에 대한 정상성의 기준이 또 하나 깨져나가는 희열을 느꼈다. 수술 전보다 수술 후 살아가는 데 더 어려움이 있다면 '골절된 상태로 지내는 게 뭐 어때서?'라는 의사의 메시지는 좀 더 쿨하게 나를 나의 장애와 함께 살아갈 수 있게 했다. 그날 밤 나는 바로 짐을 싸들고 퇴원했다.

골절이 일상인 나에게 골절 후 뼈가 더 이상 붙지 않는다는 것은 어느 날 갑자기 현재 하고 있는 일상생활이나 활동을 더 이상 유지하기 어려워질 수 있다는 것을 의미한다. 이전과 또 다르게 골절에 대한 불안감과 두려움, 막막함이 생겼다. 골절 상태로 살아간다는 것을 받아들이는 것과 골절로 인해 이전의 일상생활로 '회복될 수 없다'는 것은 완전히 다른 의미이기 때문이다.

이 글을 쓰고 있던 얼마 전에도 9년 전 오른팔 골절 부위에 처음으로 철판을 댔던 부분에 금이 갔다. 병원에서는 골절된 상태에서 뼈와 함께 철판이 계속 움직여 2차 골절이 될 수 있다고 했다. 결국 철판 제거 수술을 받았다. 휠체어를 타는 나는 다리보다 팔의 활동량이 많은데 골절된 뼈를 연결하던 판을 제거하고 나니 이전보다 팔에 힘이 없어져서 휠체어에 오르고 내리는 등의 일상생활이 전보다 어려워졌다. 그렇게 난 또다시 변화된 나의 몸에 적응하고 있는 중이다.

나의 골절 변천사가 앞으로 어떻게 전개될지 알 수 없다. 하지만 나의 장애가 지금보다 더욱 심해질 것임은 분명하다. 나는 지금 오른쪽 팔꿈치 윗부분과 왼쪽 다리 허벅지 부분의 다리뼈가 골절된 상태다. 이 정도쯤이야 괜찮다. 앞으로 지금보다 얼마나 더 일상생활이 어려워질지는 모르겠지만 지금껏 그랬듯이 난 또 적응하며 살아갈 것이다.

익숙하지만 익숙해질 수 없는 통증

가끔 누군가 나에게 가장 잘하는 게 뭐냐고 물을 때면 내가 자신 있게 말할 수 있는 것은 "웬만한 통증은 잘 참는 것"이라고 대답한다. 그러면 사람들은 기인열전에 출연하는 것도 아닌데 무슨 뜬금없는 대답이냐 하겠지만, 사실인 것을 어쩌겠는가.

골절과 통증은 떼려야 뗄 수 없는 관계이고, 골절이 일상인 나는 운명처럼 평생을 통증과 함께 생활하고 있다. 어렸을 때부터 통증으로 단련된 나는 정말 웬만한 통증은 잘 참는다. 그러나 오해하지 말아야 할 것은 말 그대로 아픈 티를 좀 덜 내고 '잘 참을 수 있다'는 것이지, 통증에 무뎌지거나 덜 아프다는 뜻은 아니다. 아픈 건 그냥 아픈 것이고, 이는 내가 어떻게 조절할 수 있는 영역의 것이 아니다. 이렇게 장애와 통증은 나의 일상과 밀접하게 연관되어 있고 그만큼 상관관계가 형성되기도 하는데, 통증을 중심으로 이를 크게 세 가지 유형으로 나누어 이야기할 수 있다.

첫째는 골절 시 동반되는 예측 불허의 통증이다. 이 통증은 나를 무척 힘들게 하지만, 동시에 일상의 감사함을 느끼게 한다. 골절 시 동반되는 극도의 통증은 그냥 견디는 수밖에 별다른 방법이 없다. 그래서 무력하게 그저 이 순간이 빨리 지나갔으면 하는 바람으로 이 시간들을 보내게 된다. 이 무력감은 나의 의지와는 별개로 내가 애써 일궈놓은 일상이 아무런 예고 없이 깨질 수 있다는 사실 때문에 느껴진다. 이는 미래를 예측할 수 없다는 불안감과 같이 오기도 한다. 그래서일까? 골절로 인한 통증은 백 번을 넘게 경험했지만 익숙해지지 않는다.

그럼에도 내가 해야 할 일이 있고, 돌아갈 일상이 있다는 게 지금의 고통을 이기게 하는 힘이다. 하지만 '건강함'만을 추구하는 사회에서 '아픈 몸' '장애가 있는 몸'은 '일상을 유지할 수 없는 몸'이 되어 사회생활을 포함한 일상에서 밀려나기 쉽다. 그리고 이는 곧 일상을 함께했던 관계가 멀어지거나 달라질 수 있다는 것을 의미하기도 한다. 나를 포함한 아픔을 경험한 사람들이 느끼는 불안감은 단순히 통증이 계속될지 모른다는 사실보다 그로 인해 자신이 쌓아온 일상을 더 이상 유지할 수 없을지도 모른다는 생각에서 오는 것일 수도 있다. 장애 혹은 아픈 상태라도 사회와 관계들이 단절되지 않고 내가 원하는 일상을 유지한다는 것은 혼자만의 의지로 가능하지 않다. 나는 정말 운이 좋게 나의 장애를 이해하고 기다려주는 동료들이 있기에 내가 하고 싶고, 해야 할 일들이 있는 일상을 유지하고 있다. 그래서 늘 동료들에게 고마워하고 있다.

두 번째는 골절로 변형된 신체로 인해 일상적으로 느끼는 통증이다. 이 통증은 예측 가능하지만 가장 대책 없는 통증이기도 하다. 솔직히 나의 신체가 어떻게 변형되었고 그래서 겪는 어려움이 무엇인지를 글로 설명하는 것은 쉽지 않다. 그럼에도 현재 겪고 있는 어려움을 두 가지만 거칠게 이야기하면 앞에서도 언급했듯이 오른쪽 다리가 너무 휘어서 발뒤꿈치가 허벅지와 밀착된 상태를 넘어서 점점 파고드는 느낌이 드는 것과 발목이 꺾여 느끼게 되는 통증이 있다. 이는 단지 골절로 인한 변형만이 아니라, 골절로 변형된 상태로 일상 자세를 유지하려는 노력이 또 다르게 신체 변형과 통증을 유발시키는 것이다.

그리고 또 하나는 척추측만증으로 발생되는 통증이다. 휠체어에 장시간 앉아 있는 장애인들은 대부분 척추가 휘게 되는데, 나의 경우 휠체어에 앉아 있는 것이 원인이기도 하지만 척추 골절 때문에 척추측만증이 매우 심각한 편이다. 그래서 휘어진 오른쪽 허리에 늘 통증이 있고, 오랜 시간 앉아 있으면 통증의 정도가 심해진다. 가끔은 압박골절로 이어져 오른쪽 옆구리와 갈비뼈에 실금이 가기도 한다. 이외에도 일상적으로 여러 통증들을 경험하지만 이 두 가지 통증 때문에 한두 시간 이상 같은 자세를 유지하기 힘들다. 자다가도 일어나 체위를 바꿔야 한다. 자세가 안 좋거나 허리 아픈 사람들을 위한 요가나 필라테스가 아무리 유행해도 나의 장애 특성에 맞는 스트레칭을 받을 수 있는 곳 하나 찾기 힘드니 장애나 통증이 더 심해지지 않도록 일상적으로 관리하는 것도 쉽지 않다.

세 번째는 통증이라고 하기는 좀 애매하지만 골형성부전증으로 인해 일상생활에서 또 다른 장애를 경험하게 되는 문제다. 골형성부전증이 심한 경우 성인이 되면 청각장애나 호흡기에 질환이 오기 쉬운데 나는 둘 다 경험하고 있다. 30대 초반, 휠체어에서 떨어져 귓속 뼈가 골절이 되면서 오른쪽 귀로는 소리를 전혀 들을 수 없게 되었다. 그리고 얼마 지나지 않아서 어느 날 갑자기 아무런 이유 없이 왼쪽 귀도 이전보다 잘 안 들리게 되었다. 이전에 경험하지 못했던 청각장애를 경험하게 되면서 사람들과 의사소통을 하는 데 일상적으로 많은 어려움을 겪게 되었다. 그러면서 우리 사회가 얼마나 입으로 말하는 구화 중심의 사회인지를 온몸으로 느꼈다. 나는 그래도 소리가 완전히 들리지 않는 것은 아니고 구화로도 대화가 가능하지만, 구화로 대화하기 어려운 청각장애인의 경우 문자나 수어(수화) 소통을 기대하기 어려운 일상에서 겪는 문제들이 얼마나 많을까. 하지만 신체장애와 달리 겉으로 드러나지 않는 장애이기 때문에 청각장애인들이 경험하는 일상에서의 소외나 배제의 문제들은 잘 드러나지 않기도 한다. 그래서 좀 더 적극적으로 청각장애로 인해 겪는 일상의 문제들을 소통하고 바꿔나가기 위한 노력이 필요하다. 이는 나의 과제이기도 하다.

또 종종 숨이 차서 숨 쉬는 것이 힘들다고 느낄 때가 많았는데 그러다 나와 같은 장애를 가진 한 지인의 소개로 검사를 받았다. 2017년부터 호흡기 질환자로 진단받아서 수면 시 인공호흡기를 사용하고 있다. 하지만 인공호흡기를 쓰면 공기가 밖으로 새어나가지 않도록 마스크를 최대한 밀착시켜 착용해야 하는데 이게 상상 이상의 통증을 유발하기도 하고, 숙면에도 방해가 된다. 매일 출근을 해야 하는 나에게 호흡기 사용은 또 다른 고문이다. 어떻게 호흡기와 친하게 지낼 수 있을지는 아직 풀기 힘든 숙제로 남아 있다.

사실 나는 몇 년 전만 해도 뼈만 약할 뿐이지 감기 한 번 걸리지 않는 완전 건강 체질이라고 자부했다. 정기적으로 병원 순례를 해야 하는 지금은 어느 순간 내가 종합병원이 되어 있음을 실감한다. 일상적으로 장애와 통증을 경험하지만, 그래도 인생은 흥미진진하고 재미있다. 또 온전히 경험해야 깨달을 수 있는 피곤함이 있는 동시에, 익숙해지려야 익숙해질 수 없는 것이라는 생각이 든다.

장애여성인 나, 돌봄을 둘러싼 복잡한 감정들

나는 평소에는 혼자서 일상생활이 가능하지만 골절이 되는 순간 통증이 가라앉고 움직일 수 있기 전까지는 '꼼짝 마라' 상태가 되어 모든 일상생활에 타인의 돌봄이 절대적으로 필요하다. 이렇게 경증과 최중증 장애의 경계를 수없이 넘나들 때면 '돌봄'에 대한 복잡한 감정들이 생겨난다.

나는 지금까지 살아오면서 가족과 파트너, 나와 함께한 수많은 이들을 다양한 형태와 방식으로 돌보며 살아왔다. 예를 들어 장애가 심해지기 전까지는 가족을 위해서 집 안 청소나 요리 등을 했고, 직접적으로 육체노동을 하지 않더라도 일상생활을 늘 챙겨왔다. 또 주변 사람들이 감정적으로 힘들어서 누군가의 돌봄이 필요할 때는 옆에서 다독이고 보살피는 것이 나의 몫이 되기도 한다. 그러나 누군가를 돌볼 수 있는 존재라는 사실은 무시당한 채, 오로지 '돌봄을 받는 존재'로만 인식되는 것에 솔직히 억울함을 넘어 매우 유쾌하지 않은 감정이 드는 것도 사실이다. 이는 '나도 여성으로서 이만큼의 역할을 하고 있다'를 말하고 싶은 것이 아니다. 돌봄의 역할이 여성에게 집중되고 그것이 노동으로 제대로 인정받지 못하는 것도 문제지만, 또 누군가는 장애를 가진 나처럼, 돌봄을 받는 존재로만 규정되고 이들에 대한 인식과 시선이 불편한 것이다.

결국 이러한 인식들은 '돌봄을 받는 이'가 '돌봄을 수행하는 이'도 될 수 있음을 상상하지 못하게 한다. 하지만 실제로 주변의 많은 장애여성들은 가족과 타인을 돌보며 살고 있고, 결혼을 하지 않은 경우에는 부모님을 부양하는 것을 당연하게 요구받기도 한다. 이러한 현실에도 불구하고 대부분의 장애여성은 여전히 노부모의 돌봄을 받는 사람으로만 취급받는다. 이에 대한 부당함을 토로하는 장애여성이 내 주변에 무척 많다.

앞으로 나는 지금보다 더 많은 돌봄이 필요한 몸이 될 것이다. 그리고 동시에 지금처럼 누군가를 계속 돌보며 살아갈 것이다. 돌봄을 둘러싼 감정들이 누군가에게는 부채감이나 미안함으로, 또 누군가에게는 고단함이나 부당함으로 남지 않기 위해서는 무엇이 필요할까. 살아가면서 누구든 누군가의 돌봄이 필요하다는 것을 기억하며, 돌봄이 가지는 의미와 가치를 인정하고, 돌봄의 역할이 특정 누군가에게만 요구되거나 가능한 것으로 얘기되지 않는다면 돌봄을 둘러싼 나의 감정은 또 달라지지 않을까. 그리고 가족이나 개인적 관계 외에도 공적인 차원에서 다양한 형태로 돌봄을 받을 수 있는 통로가 생겨났으면 좋겠다. 그렇다면 누구든 누군가의 돌봄을 받는다는 이유만으로 나의 존재에 대한 존엄성을 스스로 위축시킬 필요가 없을 것 같다.

몸에 대한 예측과 통제, 그 환상을 넘어

내가 제일 듣기 싫은 말 중 하나는 골절되었다고 할 때 "에구 어쩌다가…… 조심하지"라는 식의 얘기다. 걱정되는 마음에, 어떤 위로의 말을 전할지 몰라서 건네는 말임을 잘 알고 있다. 하지만 이런 말은 결국 내가 부주의해서 골절됐다는 말이기 때문에 나에게 전혀 위로가 되지 않을뿐더러 내 장애를 얼마나 이해하고 있는지조차 의심하게 된다.

골절로 인한 힘듦은 누구보다도 본인인 내가 온전히 감당해야 하기 때문에 나는 늘 골절되지 않기 위해 긴장하고 조심한다. 그럼에도 휴지를 던지다가, 기침을 하다가 평소에는 아무런 문제없던 행동들이 어느 날 갑자기 골절로 이어지는 것을 내가 어떻게 통제할 수 있을까. 진공 상태에서 정말 아무런 움직임이 없다면 골절을 경험하지 않을 수도 있겠지만, 그건 현실적으로 불가능하다. 목 디스크와 척추측만증 때문에 병원 진료를 받았을 때에도 추후 와상장애가 될 수 있는 위험성을 이야기하며 무조건 '누워만' 있으라는 진단을 받기도 했다. 실제로 나와 같은 장애를 가진 장애여성은 나보다 경증임에도 골절의 위험성과 몸의 변화를 최소화하기 위해 외부 활동을 거의 하지 않는 경우도 있다. 하지만 그건 그분의 선택인 거고, 나는 그냥 골절이 나의 일상임을 받아들이고 내가 하고 싶은 활동들을 하며 살고 싶다.

'장애가 없고, 아프지 않은 상태'가 '정상'이라고 여기는 사회에서는 '장애가 있고 아픈 몸'은 '비정상적인 몸'이 된다. 그러나 사람이 태어나서 생을 마감할 때까지 아무런 장애나 아픔을 경험하지 않는 것은 불가능하다. 그럼에도 어떻게 '장애가 없고, 아프지 않은 상태'가 '정상'이 될 수 있을까. 그건 아마도 인간의 몸에 대해 예측하고 통제할 수 있다는 환상 때문이지 않을까. 이런 환상은 의학과 자본이 만나 실제 가능한 것처럼 여겨지기도 한다. 매일 엄청난 양의 넘쳐나는 의학 정보와 건강을 매개로 하는 수많은 상품들은 건강한 몸, 즉 정상적인 몸을 만들 수 있다고 이야기한다. 몸에 대한 통제가 가능하다고 믿는 사회에서 장애가 있고 아픈 몸은 스스로를 관리하지 못한 개인의 문제가 된다.

물론 매일 통증에 시달리는 나도 내가 좀 덜 아팠으면 좋겠고, 장애도 지금보다 더 심해지지 않았으면 좋겠다. 그래서 좀 덜 아프기 위해 그리고 장애가 더 심해지지 않기 위해 내가 할 수 있는 노력들은 할 것이다. 그러나 나를 힘들게 하는 것은 장애나 통증보다 '몸에 대해 미래를 예측하고 통제할 수 있다고 믿는 사회'에서 예측 불가능한 나의 장애는 늘 불안정한 상태가 된다는 것이다. 장애가 없고 건강한 몸을 기준으로 설계된 사회에서 '비정상으로 규정된 몸'을 가진 내가 안정감을 느끼며 살아간다는 것은 애당초 불가능한 미션이다.

나이가 들수록 나의 장애가 진화하는 속도도 빨라져서 최근에는 예고도 하지 못한 채 출근을 못하는 날들이 잦아지고 있다. 이전하고는 또 다르게 변화하고 있는 나의 몸에 맞춰 앞으로 활동에 어떤 변화를 줘야 할지 고민하며 우울해하고 있다. 그런 나에게 어떤 동료가 보내준 글귀는 많은 위로가 되었다.

소통하는 몸은 자신의 우연성을 삶의 근본적인 우연성의 한 부분으로 받아들인다. 인간의 몸은, 그 회복력에도 불구하고, 취약하다. 고장은 몸에 내재되어 있다. 몸의 예측 가능성은 극히 예외적인 것으로 간주되어야 한다. 우연성은 정상으로 받아들여져야 한다.

— 아서 프랭크, 《몸의 증언》

그래, 누군들 내일을 예측할 수 있겠는가? 몸에 대해 예측하고 통제할 수 있다는 환상에서 벗어난다면 정상성을 중심으로 한 몸에 대한 규정에서도 좀 더 자유로울 수 있지 않을까. 장애가 있든 없든, 아픈 몸이든 아프지 않은 몸이든, 중요한 것은 있는 그대로의 몸이 인정되고 각자가 원하는 삶을 살 수 있는 조건들이 만들어지는 것이 아닐까. 예측 불가하고 불안정한 몸들의 진정한 해방은 안정된(건강한) 상태가 되는 것이 아니라 그냥 불안정한 상태가 불안감이 되지 않는 사회가 되는 것이 아닐까.

나의 몸은 앞으로 또 어떻게 변화할지 모른다. 예측할 수 없기에 스릴 있고, 예상치 못한 배움의 연속일 것이다. 나는 변화하는 나의 몸을 마치 애도하듯이 맞이하고 싶지 않다. 나의 장애는 나이 듦과 더불어 더욱 빠르게 변화하고 가속화될 것이다. 나는 막연히 두려워만 하기보다 누구나 겪는 삶의 과정으로 지혜롭게, 장애와 더불어 함께 살아갈 방법을 찾고 싶다.

죽음 곁에서 욕망하며 살기

말: 박김영희 | 글: 강진경 나영정

2018년 4월, 영희의 생애가 간략한 이야기로 일간지 칼럼에 실렸다. 〈'거북이 시스터즈'가 세상에 낸 균열〉이라는 제목의 칼럼에 영희가 처음 사회로 나간 스물다섯 살 때, 독립한 서른여섯 살 때, 장애여성공감을 창립하고 20주년을 맞이한 때의 이야기 등이 담긴 것이다. '거북이 시스터즈'는 함께 독립해서 살았던 영희를 비롯한 세 명의 장애여성 이야기가 담긴 다큐멘터리의 제목이다. 영희는 10년 전 장애여성공감을 떠나 진보 정치 운동에 참여했고, 현재는 장애인 권익 옹호 활동을 하는 단체의 대표를 맡고 있지만, 영희의 일생을 통해서 한국 사회 장애여성운동이 지나온 길을 짚어보는 것은 전혀 어색한 일이 아니다. 이런 영희의 삶을 본 누군가는 영희를 성공한 장애인이라고 할 것이다. 그렇다. 영희는 지금까지 살아오는 데 성공했다. 게다가 운이 좋았다. 어느 날 보니 사회운동가가 되어 있었지만 20년 이상 지속해온 이 생활이 진심으로 싫은 적이 없었다. 게다가 그사이에 지하철 엘리베이터가, 저상버스가, 장애인콜택시가 생겨났고, 활동지원사가 생겨났고, 장애인차별금지법이 제정되었다. 이 모든 변화에 자신이 한가운데에 있었다. 그 시간을 거쳐 이제 노인이 된 자신에게 다시 어떤 삶을 살고 있는지 질문을 던진다. 지금은 더 이상 장애인이 노인이 되기 전에 사망하거나 노인 장애인이 수용 시설에 숨겨지지 않는 시대이다. 이는 장애인의 나이 듦에 관한 이야기가 시작되고 있다는 것을 뜻한다. 영희는 예전엔 보이지 않던 '흰머리' 장애인들이 장애인운동판에 나타나기 시작했다고 말한다.

복지 제도로 보면 장애인 활동지원 제도의 대상이었다가 노인 장기 요양보험의 대상이 되어야 하는 65세 장애인들이 양쪽 제도 모두와 맞지 않는다는 실존적인 고민을 하기 시작했다. 활동지원사와 요양보호사는 어떻게 다른가? 장애인 활동지원 제도와 노인성 질환으로 인해서 타인의 돌봄이 필요해진 노인을 위해서 만들어진 노인 장기 요양 제도는 구체적으로 장애 노인을 어떻게 대하는가? 노인을 위해서 설계된 제도는 장애 노인의 주체성을 더 약화시킬까? 최근 영희가 골몰하는 새로운 질문이다.

영희는 7년 전부터 활동지원사와 함께 살고 있다. 나이가 들어 누군가의 보조가 24시간 필요하기 때문이다. 최근에는 누워 있다가 혼자서 몸을 일으키지 못해서 식은땀을 흘리기도 했다. 몸은 죽는 날까지 계속 변한다는 사실을 누구보다 잘 알지만 이제 몸을 일으킬 때에도 누군가의 도움이 필요하다는 사실은 감정에 큰 영향을 미쳤다. 가족도, 룸메이트도 아닌 활동지원사와 함께 산다는 것, 더군다나 이 나이가 들도록 살아 있으리란 것은 이전에는 생각해보지 못한 일이었다. 자신조차도 자신의 몸이 낯선데 이 몸으로 타인과 관계 맺기란 더욱 낯선 일이다. 독립적으로 살아가기 위해 꼭 필요한 사람이지만 그 사람과 어떻게 관계 맺을 것인가. 활동지원사와 산다는 것은 독립적으로 살기 위해서 나를 내려놓아야 하는 일이라는 걸 지금에 와서야 깨닫는다.

활동지원사가 되기 위한 교육에서 '장애인을 기계처럼 대하지 말라'고, '장애인의 의사에 따라 활동보조의 방식을 결정하고 존중하라'고 하지만 실상은 그렇지 못하다. 장애인은 활동지원사의 감정과 몸의 상태를 끊임없이 살피며 나의 욕구와 필요를 조절해야 한다. 예전에는 자유롭게 사람을 만나고 들어오고 싶은 시간에 귀가했지만 이제는 활동지원사의 눈치를 봐가며 시간 맞춰 들어와야 한다. 그는 나를 위해 노동하는 사람이기 때문이다. 반면 형제나 가족들과의 사이는 훨씬 덤덤해진다. 활동지원사가 있으니 가족들에게는 이전처럼 의존하지 않게 되고, 거리감도 생겼다. 그러다보니 가족들과의 관계는 훨씬 평등해진 듯하다. 의존 총량의 법칙이라도 작용하는 걸까. 이것이 장애여성운동의 산증인 영희가 지금도 매일 겪고 있는 감정과 인식이다.

독립과 생존, 반지하의 작은 터

영희는 어느 순간 검정고시를 봐야겠다고 결심했다. 집에만 있던 장애여성이 어떤 자격을 갖기 위해서 처음으로 외부 세계와 접촉을 시도한 것이다. 그러면서 영희는 사회와 연결되기 시작했다. 공부를 가르쳐주는 자원봉사자들을 통해, 우연히 알게 된 장애우권익문제연구소의 '빗장을 여는 사람들'이라는 장애여성 자조 모임을 통해 본격적으로 사회활동을 시작했다. 1996년 서울에서 열린 '동아시아여성포럼'에 한국 대표단으로 참석했고, 그해 열린 제1회 여성장애인대회에서 다른 장애여성들에게 전화 연락을 하는 조직 활동을 시작했다. 몸을 움직여 포스터를 붙이거나 잘 모르는 행정 일을 거들 수는 없지만 뭐라도 하고 싶어서 전화기를 들었는데, 그 전화기가 지금까지 영희를 활동할 수 있게 해준 주된 무기가 되었다. 여전히 전화로 전국에 있는 장애여성들의 이야기를 듣고, 그들이 운동에 참여할 수 있도록 돕고 있다. 1997년에는 해외에 나가 세계 곳곳에서 모여든 장애여성들과 만났다. 미국 워싱턴에서 열린 '국제장애여성리더십포럼'에 가기 위해 일일호프를 열었고, 참가해서는 비록 말은 통하지 않았지만 그들의 호흡을 느낀 것만으로도 의지가 생겼다. 장애여성들만의 의제와 운동을 독자적으로 펼쳐야겠다고 생각했고, 한국에 돌아가자마자 공부를 해야겠다는 계획을 세웠다. 그러고는 기존 단체를 탈퇴해 독자 조직을 만들기 위한 작업에 본격적으로 착수했고, 페미니즘 세미나를 시작했다. 장애여성의 경험을 담론으로, 운동으로 만들기 위한 작업을 시작한 것이다.

공부와 함께 저지른 것은 독립 생활이었다. 훗날 영화 〈거북이 시스터즈〉로 널리 알려진, 휠체어를 타는 세 명의 장애여성들이 독립하는 과정은 부동산에 가서 집을 얻기 시작할 때부터 어려움을 겪는다. 그래도 겨우 접근 가능한 집을 구하고, 경제적인 독립을 위해 여러 시도를 한다. 처음엔 전문 텔레마케터 교육을 받은 뒤 재택근무를 해보았다. 힘들게 일하며 열심히 버텼지만 어느 날 회사가 갑자기 문을 닫았다. 이동통신사 고객 관리 업무도 해봤지만 들이는 노동에 비해 임금이 황당할 정도로 낮았다. 이 밖에도 여러 어려움을 많이 겪었다. 무엇보다 이들의 독립에 대한 주변의 시선이 부정적이었다. 사회적인 지지 기반 역시 전무했다. 장애인들이, 특히나 장애여성들이 나와서 살아도 괜찮은 것인지, 왜 나와서 살려고 하는 건지, 주변의 호기심 어린 시선과 불편한 질문들이 계속되었다.

1990년대 말 당시에는 장애인의 독립을 지원하는 활동보조 제도를 비롯해 제도적인 지원은 아무것도 없었다. 그저 서로가 서로를 보조하면서 '독립'에 대한 근본적인 질문을 던졌다. 그렇게 '독립'과 '의존'을 새롭게 바라보면서 페미니즘 세미나도 함께 시작했다. 활동지원사가 없었기 때문에, 장애여성과 비장애여성들이 한방에서 거의 같이 먹고, 자고,

밤늦도록 세미나를 열고 이야기했다. 초기에 집중 세미나를 하며 보낸 밀도 높은 시간들은 이후 장애여성공감의 지향과 가치를 결정하는 기반이 되었다.

고덕동 집은 장애여성 세 명, 때로는 네 명이 함께 살았던 곳이지만, 셋이나 넷이서만 밥을 먹은 적은 거의 없었다. 일상적으로 대가족 살림을 해야 했다. 장애여성 A는 딸과 함께 독립하겠다고 이 집에 한동안 와서 살았고, 다른 장애여성 B는 집에서 가족들과 지내는 생활이 힘들어서 또 며칠 머물다 갔다. 소문을 듣고 이곳저곳에서 많은 장애여성들이 끊임없이 찾아왔다. 그래서 '거북이 시스터즈'는 세 명이 아니다. 고덕동 집은 세미나와 회의를 진행하는 사무실이자, 힘든 일이 있으면 찾아와서 이야기하고 편히 지내다 가는 쉼터이자, 먹을 것을 나눠 먹고 수다가 끊임없이 이어지던 사랑방 같은 곳이었다. 그곳을 아끼는 사람들이 많아질수록, 장애여성들의 이야기가 차곡차곡 쌓여갈수록 집 곳곳에 책들과 자료들이 넘쳐났다. 이제는 집과 사무실을 분리해야 할 시간이었다.

장애여성공감의 1호 상근자가 되다

세미나를 통해 함께 공부하고 그 내용으로 글을 쓰는 모임이 지속되면서 '장애여성공감'이라는 이름이 정해졌다. 단체 이름을 정하는 것까지는 합의가 잘되었지만, 문제는 그다음이었다. 멤버들은 사무실을 얻고 '단체'라는 조직의 형태를 만들 것인가, 만들 수 있는 걸까, 만들어야만 하는 것일까 등의 질문을 던지며 고민했다. 결정을 해야 할 시점이 오자 내부적으로 치열한 논쟁이 벌어졌다. 조직을 만들면 자유롭게 활동하기 어려울 테니 제도에 묶이지 않고 연구 작업이나 담론을 만드는 활동을 하는 게 좋겠다는 입장도 있었다. 영희는 궁금했다. '담론을 어떻게 만든다는 거지?' '담론이 뭐지?' 담론이라는 언어 자체도 낯설었지만, '장애여성 대중들을 만나지 않고, 그들의 삶을 이해하지 못하면서 담론을 만들거나 연구한다는 게 가능할까' 하는 생각이 들었다. 그런 얘기를 밖으로 꺼내기는 쉽지 않았다. 어떻게 단체를 만들거냐, 단체를 만들면 과연 우리가 책임질 수 있느냐, 책임을 못 지면 어떻게 되는 거냐는 질문 앞에서 영희의 고민은 작아졌다. 월세를 내기 위한 프로젝트 사업을 해야 하고, 때로는 밤을 새워서 일해야 할 테고, 사람도 많이 필요할 텐데 그걸 다 감당할 수 있을까? 활동비도 마련해야 할 텐데? 지극히 현실적인 고민이 이어졌다. 하지만 그래도 사무실을 얻고 활동하자는 입장이었던 영희, 복주 등은 본인들끼리 있을 때만, 시작하면 어떻게든 되지 않을까, 몰래 속삭였다. 결국 뜻은 이루어졌다.

명일동 오피스텔 건물 7층에 사무실을 얻었다. 보증금은 주변 지인의 도움으로 마련했지만 월세가 문제였다. 장애여성공감의 운영위원들은 비장한 마음으로 각서를 쓰고 결의했다. 월세를 두 달 이상 못 내면 무조건 접을 것. 아는 사람 창고에서 옷을 가져다가 성당 앞에서 옷을 파는 것부터 해서 돈을 마련하기 위한 일이라면 뭐든 했다. 직장을 다니는 멤버들이 돈을 마련할 테니 영희에게 간사를 맡으라고 했다.

이즈음 공감 멤버가 소개해준 누군가가 전동휠체어를 지원해줘서 처음으로 전동휠체어를 마련했다. 그 전동휠체어를 운전하며 영희는 비로소 혼자 출근하는 것이 가능해졌다. 가구도 거의 없는 텅 빈 사무실에 혼자 있으면 목소리가 왕왕 울렸지만 열심히 전화를 돌리고 업무일지를 썼다. 공감의 창립 멤버들과 함께했던 세미나 외에 성폭력 상담원 교육도 받았다. 초기의 이런 활동들이 여성주의를 이해하는 데 많은 도움이 되었다.

여성 단체에서 진행했던 성폭력 상담원 교육을 받았을 때, 그곳은 접근성이 확보되지 않은 공간이었다. 다른 교육생들이 다 점심 사 먹으러 나갈 때 혼자 준비해온 도시락을 먹고, 활동보조를 해줄 사람이 없어서 종일 화장실 한 번 못 가고 60시간 과정을 수료했다. 힘들었지만, 신선한 자극을 주는 교육이었다. "내가 배우고 싶었던 게 이거였구나" 하고 생각했다.

권력적인 사람이 된다는 것

2002년에 장애인 리프트 추락 사건이 계속 이어지자 지하철역 엘리베이터 설치와 장애인 이동권 확보를 위한 이동권연대가 결성되었다. 영희는 다른 공감 멤버들과 지하철공사 앞에서 진행한 이동권연대의 집회에 나갔다. 공감에서 여성들끼리 회의하고, 세미나하고, 교육하다가 장애남성들과 같이하는 집회에 처음 참석한 것이었다. 집회에 나가 경찰과 대치하는 와중이었다. 갑자기 사람들이 우르르하더니 "차도로 나가자"는 소리가 들렸다. 영희도 대열에 함께하며 차도로 나갔다. 경찰들이 달려와서 차도로 나온 사람들을 억지로 들어서 인도 위에 올려놓았다. 수동휠체어를 타고 있던 영희의 휠체어가 움직이지 않도록 동료들이 붙잡아주었다. 경찰들은 휠체어를 들어올리려고 힘을 몰아붙였다. 순간 영희의 휠체어가 뒤로 확 넘어갔다. 시멘트 바닥에 그대로 넘어졌다. 동료들은 병원에 가봐야 한다고 소리를 질렀다. 그렇지만 경찰이 계속 막고 있어서 꼼짝할 수 없었다. 그 아수라장 속에서 영희는 복잡한 감정을 느꼈다. "뭘 해볼 수도 없고, 제대로 싸울 수도 없고, 끌려나오면 그 자리에 그냥 있어야 되다니." 다칠지도 모르는데 집회에 왜 나갔냐고 하는 친구도 있었다. 걱정하는 마음은 이해가 되었지만 "나 같은 사람이 안 나가면 누가 나가나?" 싶었다. 그 강렬했던 집회의 경험으로 영희는 이동권 투쟁에 대한 고민과 관심이 깊어졌다.

그러던 중 영희는 이동권연대 공동대표 자리를 제안받았다. 공감에서는 이 제안을 받을 것인지, 말 것인지를 두고 심각한 토론이 벌어졌다. '장애인' '여성'이란 정체성을 가진 영희와 동료들은 여성운동계, 장애인운동계와 어떻게 관계 맺고 연대해야 독자적인 조직을 지켜나가면서 운동할 수 있을지 가늠이 되지 않았다. 장애인 이동권 운동에 장애여성들도 주체적으로 참여하는 것이 필요한가. 장애인 이동권 이슈에 장애여성의 경험과 관점을 담아내는 것이 가능한가. 이런 고민 사이에서 다른 구성원들은 영희가 공동대표를 맡는 것에 부정적인 입장이었지만, 영희는 생각이 달랐다. 이동권연대 대표를 맡아서 현장을 돌아다니며 대중들 앞에서 얘기하고, 장애여성공감이 있다는 걸 알리고 싶었다. 그리고 성별을 떠나 장애를 가진 사람들이 공유하는 경험과 억압이 있고, 그중 하나가 이동권 문제라고 생각했다. 그렇게 이동권연대 공동대표를 시작으로 영희는 장애인운동판에서 본격적으로 활동하기 시작했다.

이동권연대는 대부분 장애남성들이 주도하고 있었다. 장애여성 활동가가 연대체 안에서 '대표'로 인정받고 자리 잡기 위해서는 내부에서 투쟁해야 했다. 전동휠체어를 쓰는 영희는 늦게까지 회의를 하는 날에는 지하철을 타고 집에 가야 해서 어쩔 수 없이 중간에 나오는 일이 많았다. 하지만 수동휠체어를 타는 사람들은 휠체어를 접어 넣을 수 있는 승용차를 타고 다니니 늦게까지 술을 마시고 뒤풀이를 하며 중요한 정보를 공유했다. 다음 회의에 가보면 이미 공유된 내용들로 안건은 결정이 난 상태였다. 영희는 이런 상황에 화가 나서 회의 도중 펜을 던지고 나간 적도 있었다. 영희와 함께 공동대표를 맡고 있던 박경석 대표와도 많이 싸웠다. 중요한 안건이 대체 언제 결정난 건지, 왜 자신만 모르는 건지 따졌다. 하루하루 상황은 긴박하게 돌아갔고 빨리 판단하고 결정을 해야 하는 업무 처리 속도에 적응하기 쉽지 않았다. 무슨 문제가 생겨도 본인보다 비장애인 활동가들에게 먼저 보고되었고, 외부에 나가면 경찰들이 대표를 찾길래 '내가 대표'라고 해도 쳐다보지 않았다. 연대 단체 대표들도 인사할 때 대표라고 소개하는 영희를 뜨악한 눈빛으로 보곤 했다. 이동권연대 대표 역할로 지역에 가도, 지자체 공무원들은 영희를 어린아이 취급하듯이 "아유 예쁘시네요"라는 말을 쉽게 던졌다. 조금이라도 행동이 가볍게 보이지 않도록 일부러 더 웃지 않고 말도 별로 하지 않았다. 강하게 보이기 위해 옷도 좀 나이 들어 보이게 입고, 눈에 힘을 주기도 했다. 권력을 가졌지만, 장애여성이기 때문에 권력이 없다는 것을 깨닫는 시간이었다.

이동권연대 공동대표 세 명 중 두 명은 척수장애남성이었다. 척수장애는 몸에 욕창이 잘 생기기 때문에 여러 날 출장을 가는 것은 무리였다. 그래서 소아마비 장애를 가지고 있던 영희가 전국 순회 투쟁을 맡아야 했다. 전국을 두세 번씩 돌면서 저상버스를 타고 '4·20 장애인차별철폐의날'을 제안하러 다녔다. 최용기 대표가 활동지원사를 늦은 시간까지 구하기 어려워서 귀가하고, 박경석 대표가 경찰에 연행되면 영희는 마지막 남은 공동대표로서 집행부와 논의하여 투쟁을 진행해야 했다. 2000년대 중반은 활동보조 서비스 투쟁, 장애인차별금지법 제정 투쟁 등을 비롯해 장애인운동 진영에서 중요한 투쟁이 계속 이어지던 때였다. 영희는 이런 투쟁에 적극 참여했다. 외부 활동에 투여하는 시간과 에너지가 점차 많아졌고 그만큼 상대적으로 공감 내부 활동에는 이전만큼 참여하기 힘들었다. 가장 바쁘고 열정적으로 움직이던 시기였다.

"외부적으로 할 일이 너무 많아서 엄청 바쁠 때였어요. 근데 공감 활동가들이, '언니가 너무 권력적으로 보인다, 권위적으로 보인다' 그런 얘기를 하는데, 그게 너무 무서운 말인 거예요. 내가 어떤 게 권력적으로 보였지? 내가 왜 권위적으로 보였지?"

공감의 대표도, 이동권연대의 대표도 영희가 나서서 맡은 것이 아니라 주변에서 마련해준 역할이었고, 다른 사람이 나타날 때까지만 하겠다는 책임감으로 하고 있었다. 동료들이 나에 대해서 그렇게 평가하고 있다는 얘기를 전해 들었을 때 영희는 당연히 기분이 상했지만 자신의 말과 행동에 반성도 했다. 솔직히 그런 비판들이 다 이해되는 것은 아니었다. 장애여성으로서 권력적인 모습은 어떤 것일까? 어떤 모습이 장애여성 대표다운 모습일까? 그런 질문들을 스스로 던져봤다. 지금도 여전히 그 고민들은 과제로 남아 있다. 아마도 '권력적' '권위적'이라는 평가가 나온 맥락은 공감의 문화와 장애인운동판의 문화가 충돌하면서 영희가 공감과는 멀어지는 것 같고 불화하는 것 같아 보여 공감의 구성원들이 불안함과 긴장감을 표현한 게 아니었을까. 영희는 이동권연대 대표를 맡으면서 실제로는 자괴감을 느낀 적이 많았지만 형식적으로는 대표의 권위를 중시하는 운동권 문화에서 버텨내기 위해 갑옷을 입었는데, 공감 사람들은 그 갑옷을 권력적, 권위적으로 느끼지 않았을까. 이런 자신의 경험과 고민을 바탕으로 영희는 이제 다음 세대 장애여성 활동가를 길러내며 그들이 자신과 같은 시행착오를 반복하지 않도록 모든 것을 돕고 싶다는 생각을 했다.

장애여성이 정치를 한다는 것

2007년 말, 장애여성공감 활동을 정리하고 진보정당 활동을 시작했다. 현장에서 투쟁하는 것뿐만 아니라 소수의 장애인 엘리트가 독식하는 정치판에 진보 정치를 위한 텃밭을 가꾸어야 한다는 공감대가 진보적 장애인운동을 하는 운동계에 형성되고 있었다. 마침 당시 민주노동당에서 비례대표 1번을 장애여성에게 할당한다고 결정했고, 이동권연대 투쟁의 성과를 이을 사람으로 공동대표인 영희만 한 장애여성이 없었다. 하지만 진보정당이 분열되면서 영희는 국회의원이 되지 못했고, 그다음을 준비하며 그야말로 본격적인 정당 활동을 시작했다. 진보신당 비례대표 후보로 선거 때 전국을 돌면서 '장애인도 정치 얘기를 할 수 있다'는 사실을 알리기 위해 무던히도 애를 썼지만 선거가 끝나자 실망감이 밀려왔다. 부대표로서 매주 대표단 회의에 참석해 유력 정치인들과 함께 회의를 했다. 회의에 가보면 전국의 온갖 정국 이슈들이 올라왔고, 카메라 기자들이 동석하는 경우도 많았다. '정치적' 판단, '정치적' 역할을 하는 훈련을 받아본 적이 없던 영희에게 그 시간은 "화가 나는" 시간이었다. 영희는 그들만의 리그에서 없어도 그만인 병풍 같은 존재였다. 하지만 '나는 장애인운동판을 대표해서 왔기 때문에 버텨야 한다'고 스스로 다짐했다. 정치 활동을 하기로 한 것은 장애인운동의 조직적인 결정이었지만 특정 정당 안에서의 활동을 공식적으로 지원하는 것은 어려운 일이었기에 현실적으로 영희는 혼자 힘으로 정당 활동을 할 수밖에 없었다.

그렇지만 학교를 다니지 않았고, 일반 사회생활 경험이 별로 없던 영희에게 정당 활동은 운동판 밖에 넓은 세상이 있다는 것을 알게 해준 소중한 배움터였다. 권력 싸움이 중요한 정당 내에서 영희는 당연히 기성 정치인의 상대가 될 수 없었다. 자신이 잘못한 부분에 대해서 계속 비판당하는 것도 버거웠다. 그래도 지적을 받고, 문제 제기를 당하는 것 자체가 나에게 뭔가 있기 때문이라고, 장애여성이라는 사실

만으로 인형 취급받는 것보다는 훨씬 낫다고 생각했다. 그렇게 매일 설사를 할 정도로 스트레스가 극심했던 그 시기를 영희는 잘 버텨냈다.

영희는 장애인의 정치 세력화를 위해서 정당 활동을 시작했다. 그러나 정당이 굴러가는 속도를 따라잡을 수 없었고, 역량을 갖추기도 전에 이미 주어진 책임이 버거웠다. 장애인을 대표하는 한 명이 상징적으로 정당에 진입하는 방식을 넘어서 장애인의 진정한 정치 세력화를 이루려면 무엇을 해야 할까? 영희는 이런 고민을 계속하다가 정당 활동을 정리했다. 6개월 정도 조용히 치유의 시기를 보냈다. 이후에 장애인차별금지추진연대(이하 장추련) 사무국장을 맡지 않겠느냐는 연락을 받았다. 영희는 그것을 받아들였고, 사무국장을 맡아 적응 시기를 보내고 지금은 대표로서 장추련에서 계속 활동을 이어나가고 있다.

아직도 도발적인 질문을 품고

2018년 올해 나이 57세. 최근 비타민제를 하나 더 먹기 시작했다. 원래 고혈압약과 위장약을 복용 중인데 약을 먹는 것 자체가 참 싫다. 언제나 카랑카랑한 목소리를 자랑하던 영희였는데 이제는 숨이 가빠져 노래도 못 부르겠다. 나이가 드니 허리가 휘면서 기관지도 안 좋아졌다. 밤 10시만 되면 무조건 쓰러지듯 잠을 자야 하고, 새벽 5시에 눈이 떠진다. 원고를 써야 하는데, 엎드려 써도 불편하고, 앉아서 써도 힘들다. 이젠 어떤 자세든 편치 않다.

영희 주변에는 다 운동하는 사람들뿐이고 친구라곤 한 명밖에 없다. 일상적으로 운동을 함께하는 동료들과 가장 많은 시간을 보내지만, 동료들과의 관계도 점차 변해간다. 나이가 들어서 그런지, 무슨 말을 해도 잔소리가 될 것 같아서 말하는 것 자체가 조심스럽다. 하고 싶은 말이 너무 많아서 속이 부글부글 끓어오르지만, 차라리 눈을 감자고 다짐한다. 내가 하는 가벼운 말 하나가, 받아들이는 사람 입장에서는 '어른이 말하는 것'으로 들린다. 장애인운동판에는 아직 중증 장애인 1세대들이 왕성하게 활동 중인데, 이들이 운동판을 떠날 때 여러 모습이 보일 듯하다. 영희는 어느 조직이든 떠날 준비를 하고, 미련을 갖지 않고, 조직원들이 아쉬워할 때 떠나야 한다고 생각한다. 이제는 후배 활동가들의 이야기를 듣고, 그들이 이 판에 남아서 운동을 지속할 수 있는 방법을 찾는 것이 영희가 자신에게 부여한 남은 과제다.

그런데 왜 우리는 계속 남아서 운동을 해야 하는 걸까? 우리의 활동은 궁극적으로 무엇을 위한 것일까? 이런 질문을 새삼스럽게 던져본다. 비장애 사회와 장애 사회가 같은 꿈을 꾸나? 어떤 세상을 꿈꾸지? 행복하고 평화롭고 평등한 세상이라는 게 뭘까? 이런 근본적인 질문도 이어진다. 장애인과 비장애인은 정말 평등해질 수 있을까?

"나는 장애가 있는 그대로를 원해. 이 자체로서 행복하기를 바라지. 근데 가끔 내가 모르겠는 것이 정말 그게 다인가? 계단이 하나도 없고 평평하고 그런 데서 막 전동휠체어로 다닌다고 하면 내가 행복한가? 가끔은 나도 두 발로 걷고 싶지 않을까?"

이런 불경스러운 질문을 해본다. "내가 가끔 두 발로 걷고 싶다는 욕구가 있을 때, 두 발로 걷게 만들어준다면, 그게 평등한 건가?" 올해 평창에서 열린 동계올림픽이 끝나고 패럴림픽이 시작됐을 때 패럴림픽 개막식에는 어떤 척수장애인이 걸을 수 있게 해주는 로봇을 입고 성화 봉송을 하는 장면이 연출되었다. 장애인의 미래에 희망을 가져다주는 좋은 기술로 보이지만 그 기술에 투자하는 자본의 욕망은 장애인을 위한 것이 아니다. 인간의 손상을 '보조'하기 위해서 개발되는 기술의 한계는 모호하다. 예컨대 인간의 팔을 대체하는 인공지능의 팔은 슈퍼인간이며, 인간의 능력을 수백 배 능가하는 기술이 오히려 인간을 통제하고 억압할 수도 있다. 무언가가 실현된다고 할 때 그것이 누구의 욕망이고 무엇을 지향하는가에 대해 집요한 질문과 날카로운 시선이 필요한 이유를 알려주는 장면이다.

지금 규범으로 자리 잡고 있는 인권과 평등의 담론 속에서도 장애인은 주어진 역할을 해내는 것만으로도 숨이 차다. 하지만 그와 동시에 이미 규범이 된 인권과 평등은 충분하지 않다는 감각도 동시에 생긴다. 더 많은 것을 원한다. "'있는 그대로를 인정한다'라고 말하는 것. 무척 쉬운 말 같지만 나의 모든 욕망과 욕구를 사회에서 인정받고 실현할 수는 없는 것 아닌가. 게다가 나의 욕구와 욕망은 변화무쌍하다"는 영희의 일갈은 사회적인 것과 개인적인 것 사이의 구분, 공적인 가치와 사적인 가치를 나누는 기준을 다시 보게 만들고 장애인 해방의 지향과 목표를 확장하고 수정하도록 만든다. 우리가 자유롭고 평등해진다는 해방은 정말 무엇을 의미하는 것일까?

죽음에 대해서 이야기하기

100세 시대라고 하는 요즘, 환갑을 바라보는 영희는 매일매일, 오늘만 중요하다. 오늘보다 내일이 더 힘들 것이고, 내일보다는 모레가 더 힘들 것을 알기 때문에, 매일 아침 눈을 뜰 때 오늘이 제일 좋은 날이라고 생각한다. 오늘이 가장 소중하고 중요하다니, 시한부인생을 사는 환자나 종교 지도자가 할 법한 이야기처럼 들리지만 어쩔 수 없다. 그 사람들만큼 고통과 고행을 겪으며 얻은 깨달음이다. 그래서 만나고 싶은 사람, 가고 싶은 곳, 먹고 싶은 것을 내일로 미루지 말자고 다짐한다. 나이가 들고, 하루하루 몸이 달라진다고 느끼면서 요양원에 갈 날이 올 것이라고 했다. "내 간병을 위해서 24시간 나와 살아줄 사람이 누가 있겠어? 요양원에 가게 되겠지"라고 덤덤하게 말한다. 몇 년 전부터 죽음에 대해서 생각하는 일이 잦다. 지금 죽는다고 해도 아쉬울 것이 없지만, 죽는 순간 느끼게 될 고통이 가장 두렵다. 영희는 코로 숨을 쉬는 것이 어려워서 입으로 호흡한다. 처음, 죽음의 위기는 치과에서 찾아왔는데 치료 때문에 입을 계속 벌리고 있자니 호흡곤란으로 죽는다는 것이 무엇인지 몸의 감각으로 느낄 수 있었다. 그때 겪은 몸의 기억이 떠오르면 죽음의 고통에 대한 두려움이 확 살아났다.

하지만 죽음은 사고, 질병과 노환으로 인한 생물학적인 사건만이 아니다. 특히 죽음과 자살에 대한 생각은 어떤 나이에 있는 사람이건 할 수 있는 것이고, 그것은 삶에 대해 생각하면서 '경험'되는 것이다. 영희는 청소년기에 죽음에 대해서 오래오래 생각했다. 스무 살까지만 살다 죽겠다고 결심했다. 매일 밤 어떻게 죽을 수 있는지 생각하며 울면서 십대 시절을 버텼다. 일기장에 "누가 슬퍼해줄까. 당장은 불쌍하다고 울겠지만 결국엔 잘 죽었다고 하겠지"라고 적었다. 매일 일기를 쓰고, 집에 있었던《선데이서울》같은 잡지와 여러 책을 읽었지만 그때의 시간은 덩어리로 뭉개져 있다. 몇 살 때 무엇을 했다고 특정할 수가 없다. 살 이유가 없었지만 죽을 방법도 없어서 스무 살을 넘겼고, 더 이상 일기를 쓰지 않게 된 서른을 지나, 사회운동을 시작하고 나서는 바빠서 죽음을 생각하지 못했다. 장애인운동을 하면서부터 무엇이 존엄한 삶과 죽음인가를 끊임없이 고민했고, 사회와 국가를 향해 쉬지 않고 외쳤다. 내 목소리이기도 하고 그때그때 광장에 모였던 모든 이들의 목소리이기도 했다. 이제 개인적인 욕망이 남았다면 하늘을 날고 싶다는 것이다. 이번 생애는 꽁꽁 매여 있었지만 죽어서도 매여 있는 것은 정말 싫었다. 죽으면 화장해서 재를 공중에 뿌려달라고 유언장에 써놓겠다고 다짐했다. 하늘을 날아가다 아무 데나 멈추거나 사라져버리게.

나는 뉴페이스를 원해

말: The ReD | 글: 나영정

'불굴의 의지상'의 주인공, 레드

레드는 열 살 때 '발병'하여 점점 걷기 힘들어지고 휠체어를 타게 되었다. 뇌성마비는 주로 태어날 때부터 나타난다. 레드의 경우는 다른 뇌성마비 장애인들과 경우가 조금 달랐지만, 어쨌든 그때 뇌병변 장애 1급 판정을 받았다. 엄마 등에 업혀서 등교를 하다가 어느 날인가 엄마는 더 이상 학교에 가지 않아도 된다고 했다. 당연히 처음에는 신이 났지만 그때 이후로 열아홉 살까지 계속 집에 있게 될 줄은 몰랐다. 열아홉 살에 장애인 직업재활원에 입소하기 전까지 9년간의 삶은 '아무 일'도 일어나지 않았던 매일매일로 기록될 것이다.

열아홉 살에 수녀원에서 운영하는 직업재활원에 들어갔다. 낮에는 뜨개질을 하고 밤에는 검정고시를 준비했다. 거기서도 장애 정도에 따라 하는 일이 나뉘었다. 손을 쓸 수 있는 경중 장애인은 기계 다루는 일을 하고 레드 같은 중증 장애인은 뜨개질을 했다. 하지만 레드는 1년 6개월이 지나서 기계 다루는 일을 했고 '불굴의 의지상'을 받았다. 기관의 목적은 기술을 가르치는 것이지만 레드에게 니트를 짜는 일은 배우고 싶은 진짜 기술이 아니었다. 그럼에도 레드는 불굴의 의지를 발휘했던 것이다. 재활원 생활에서 의미 있었던 것은 또래 친구를 만난 것이다. 처음으로 또래의 장애여성을 만나서 마음을 터놓고 이야기를 나눴다. 입퇴소를 같이한 그 친구는 지금까지 레드의 복잡한 연애사를 다 알고 있는 유일한 사람이다.

직업재활원에서 검정고시에 합격하고 나왔더니 대학에 가고 싶어졌다. 복지관에 전화를 걸어 원하는 것을 말했고, 대입 준비를 할 수 있는 장애인 야학을 소개받았다. 레드는 통학하는 것이 어려울 것 같아 방송통신대학에 가려고 했다. 그런데 장애인 복지관에서 미술 프로그램을 진행하던 선생님에게 화가가 꿈이라고 말했더니 "왜 미대에 가지 않느냐?"는 예상치 못한 질문을 받았다. 레드는 "미대에 어떻게 가느냐?"고 반문했다. 그분의 도움을 받아서 공짜로 쓸 수 있는 화실을 구해 오랫동안 실기를 준비했다. 실기시험에 나오는 데생을 눈감고 그릴 수 있을 만큼 시간이 흘렀다. 스물일곱 살이 됐을 때 정말 미대에 입학했다. 애초에 대학 등록금은 없었지만 대학을 가겠다는 목표가 없었다면 죽었을지도 모른다. 입학을 했더니 장애인 학생에게 수여하는 장학금을 받을 수 있게 되었다. 이렇게 내가 저지르지 않으면 아무것도, 아무에게도 기대할 수 없다는 것을 몸으로 체득하고 있었다.

하지만 지금 생각하면 아쉬움으로 점철된 대학 생활이었다. 무엇보다 왜 순수미술이 아니라 응용미술을 배우는 학과를 선택했는지 후회가 막심했다. 기대했던 공부를 할 수 없었고 1년 내내 방황했다. 부전공을 택해서 두 가지 공부를 해보려고 했지만 이도저도 만족스럽지 못했다. 더구나 통증이 너무 심해서 수업을 듣다가 나와야 했던 적도 여러 번이었다. 대학 생활 초반에는 수동휠체어밖에 없어서 혼자서 운전하는 것이 불가능했는데, 그때마다 항상 누군가에게 밀어달라고 부탁해야 했다. 50센티미터를 옮기는 것조차 누군가에게 큰마음을 먹고 부탁해야 하는, 활동지원사가 없던 시대였다. 다행히 전동휠체어를 기증받아서 대학 생활 4년을 마쳤다. 전공 공부에 대한 아쉬움으로 대학원에 가고 싶었지만 당장 등록금을 마련할 방법이 없었다.

영감 포르노의 주인공이 되다

졸업 후 1년간 습작을 하면서 재료값을 부모님께 계속 손 벌리기가 너무 죄스러웠다. 재택근무로 할 수 있는 일을 알아보기 시작했다. 장애인을 채용하면 고용장려금을 주는 제도가 있었지만 취업할 수 있는 곳은 마땅치 않았다. 1년 정도 여성 단체에서 프로젝트 간사로 일하기도 했지만 프로젝트가 끝나자 일자리도 없어졌다. PC통신 시절부터 온라인에 매달려 살았던 레드는 온라인 쇼핑몰이 팽창하면서 웹디자이너 수요도 증가한다는 것을 느끼고 아르바이트를 구해보리라 마음먹었다. 한 업체에서 경력이 없는 무경험자라고 하니 직업훈련을 겸해 3개월 정도 무급으로 일해보자는 제안을 했고, 레드는 이를 수락했다.

밤샘 작업한 작업물을 보내는 날들을 반복하고 있던 서른네 살의 어느 날, 텔레비전의 한 프로그램을 보다가 TV 속으로 빨려들어가는 느낌을 받았다. 그 프로그램에서 난생처음 '나와 같은' 사람을 보았고, 열 살에 '발병'한 그 병의 이름을 드디어 알게 되었다. 그리고 레드의 장애를 유발한 그 질병의 '치료법'이 개발되어 치료를 받으면 완치할 수는 없지만 근육의 떨림이나 긴장을 완화시킬 수는 있다는 것도 알게 되었다. 레드는 용기 내어 그 프로그램에 연락을 취했고, 프로그램에 출연하면서 수술비를 지원받기로 했다.

장애를 가진 사람이 텔레비전에 나오는 일은 여전히 몇 가지 주제로 한정되어 있다. 아니 사실은 한 가지다. 장애 극복 서사를 보여주거나 의료적 도움을 주는 일이나 경제적 도움을 주는 프로그램들의 주제는 다 같다. 그건 흔히 동기부여 프로그램이라고 불리는 영감 포르노다. 영감 포르노는 호주의 코미디언으로 활약한 장애여성 스텔라 영(1982~2014)을 통해 알려진 말이다. 그는 장애인의 몸과 고난, 노력이 비장애인에게 삶의 동기부여로만 활용됨으로써 장애인의 이미지가 착취된다고 주장했다. '장애를 극복한 사나이' '세상에서 가장 위대한 엄마' 등으로 소개되는 장애 극복 이야기와 사지 없이도 훌륭하게 과업을 수행하고 환히 웃는 얼굴 이미지들은 인간성에 대한 새로운 질문을 주는 것이 아니라 낙담하고 실패한 비장애인들에게 동기부여하기 위해서만 사용된다는 것이다. 텔레비전에 나오기로 결심한 장애인들의 동기는 다양하지만 이는 중요하지 않다. 프로그램 진행자의 코멘트, 내레이션, 자막은 비장애인의 시선으로 작동되고 장애인의 삶은 프로그램의 목적에 맞게 배치된다. 그리고 대부분 텔레비전에 나온 이후의 삶은 완전히 잊힌다.

레드가 출현했던 시사교양 프로그램은 응급실의 긴박한 상황을 다루거나 주로 희귀 난치성 질환을 가진 사람들의 특별한 치료 과정을 다뤘다. 레드의 병명은 '근긴장이상증'이었다. 그 프로그램에서 뇌 수술을 통해 레드가 앓고 있는 근육의 떨림을 드라마틱하게 줄일 수 있고, 심지어는 걷거나 뛸 수 있을지도 모른다고 했다. 레드가 엎드려서 밥을 먹고, 누워서 화장을 하고, 화장실에 가느라 집 안 여기저기에 부딪히고 넘어지며, 거의 엎드린 자세로 전동휠체어를 타고 놀이터에 나가서 스케치를 하고, 지하철을 타고 나가서 친구들과 삼겹살에 소주를 마시고 노래방에 가서 〈거위의 꿈〉을 부르는 장면이 TV를 통해 방영됐다. 그 프로그램에는 수술 후

초기 재활 치료를 받는 과정까지 담겼는데, 레드는 발음이 예전보다 또렷해졌고, 보조기를 차고 걷는 연습까지 할 수 있었다. 항상 혼자 바닥에서 땅을 보고 밥을 먹다가 누군가와 함께 마주 앉아서 밥을 먹을 수 있게 되었고, "이제 사람답게 사는 것 같다"고 말했다. 내레이터가 "바로 자신의 잃어버렸던 삶의 새로운 희망이 생겼기 때문이죠. 제2의 인생, 새로운 인생을 살게 된 ○○○ 씨에게 여러분의 따뜻한 격려의 박수를 부탁드립니다"라는 멘트를 하면서 프로그램은 끝났다.

레드는 사실 인생을 잃어버린 적이 없다. 레드는 앉아서 밥을 먹게 되어 '사람답다'라고 했지만 '사람답지 못했던' 시절에도 밥을 먹고, 대학에 다니고, 아르바이트를 하고, 그림을 그리고, 친구들을 만나고, 누군가와 섹스를 했다. 영감 포르노의 주인공이 반드시 영감 포르노의 피해자는 아니다. 텔레비전에 출현했던 많은 장애인이 그랬듯이 레드는 개인이 감당할 수 없는 수술 비용을 해결했고(TV에 출현해 성전환 수술을 받은 트랜스젠더도 있고, 성형수술 프로그램에 출현해 '새 삶을 찾은' 사람도 많다), 아직 안정되지 않은 수술 방법에 대한 공신력을 확보했다. 텔레비전에 사생활이 노출되고 자신의 삶이 프로그램의 목적에 맞게 배치되고 누군가에게는 그것이 또 하나의 극복 서사로 사용될 뿐이겠지만 수술을 하고 난 뒤 레드의 삶은 조금 달라졌다. 이 삶의 변화는 텔레비전에 출현했기 때문에 초래된 것인지, 아니면 수술과 재활을 통해 기

능이 회복된 것 때문인지, 그것도 아니면 수술 후 찾은 자신
감 때문인지 분명하지 않다. 사실 수술을 통해 결정적으로
바뀐 것은 엄밀히 말해 운전을 하게 된 것밖에 없다. 레드는
수술 이후 가장 크게 바뀐 것은 출퇴근하는 것과 운전하기라
고 말했다. 프로그램은 힘겨운 일상을 살다가 수술이 성공한
후 재활을 시작하는 레드의 모습으로 끝났지만, 레드의 삶은
여전히 레드가 저지르는 대로 흘러가고 있다. 아, 또 하나 변
한 게 있다. 근육의 떨림으로 깡말랐던 몸에 보기 좋게 살이
좀 붙었다. 외모가 변해서 달라진 것은 무엇일까?

받기만 하는 섹스는 당하는 섹스나 다름없다

많은 여성들이 그러하듯 레드에게도 성에 관한 첫 기억
은 성추행이다. 옆집 오빠, 수영장 강사 들은 레드를 도와준
다고 하면서 자신들이 하고 싶은 대로 몸을 만졌다. 성에 대
한 지식은 엄마가 보던 여성잡지를 읽으면서 쌓았다. 오빠가
보던 포르노를 살짝 엿보기도 했지만 그 장면은 그저 놀랍고
머리가 아픈 느낌이었다. 재활원에서 '연애 선수'라고 불리
던 장애남성 A와 키스를 했을 때 비로소 "아, 이게 좋은 거구
나" 하는 느낌을 받았다. 둘 다 휠체어에 탄 채로 키스를 하
고 가슴을 애무했다. 다른 사람의 도움 없이는 밖으로 나갈
수도 없는 상태여서 딱 거기까지만 가능했고, 그래서 너무

아쉬운 마음이 들었다. 성에 대한 경험은 그렇게 시작됐지만 레드는 워낙 사람을 좋아하고, 호감 가는 사람에게 먼저 들이대는 스타일이었다. 이게 좋은 것이라는 것을 안 순간부터 지금까지 레드는 불도저처럼 척박한 관계를 일구고 좋았던 느낌을 쌓아나가고 있었다.

본격적인 시도는 재활원에서 나와 PC통신을 시작하면서부터였다. 글로, 채팅으로 만난 사람들과 정모를 했다. 스물셋이던 어느 날 정모로 모인 사람들이 누구네 집으로 몰려갔다. 밤새워 놀다가 방마다 몇몇씩 들어가 누웠는데, 레드는 호감이 있던 B와 둘이 침대에 누웠고, 바닥에는 또 다른 친구가 잘 준비를 했다. 하지만 레드는 잠이 오지 않았다. 누가 먼저랄 것도 없이 레드와 B의 숨소리가 거칠어지면서 서로에게 손길이 닿기 시작했다. 그사이 바닥에 누워 있던 친구가 밖으로 나가면서 본격적으로 애무를 하기 시작했고 곧 옷을 벗고 삽입을 시도했다. 그때 레드는 "그만!"을 외쳤다. 예상보다 너무 아프기도 했고, 거부감도 들었다. 지금 생각해보면 아마 임신에 대한 걱정 때문이 아니었을까 싶다. 첫 번째 시도는 이렇게 실패로 기록되었다. 실패가 아니라면 오히려 이상하다. 섹스에 대해서, 임신에 대해서 아는 바도 없었고 준비도 없었다. 언젠가부터 섹스를 할 때 느껴지는 아픔은 쾌락으로 통합되었다. 하지만 처음에는 그렇지 않았다.

레드는 가끔 집에 누워서 지금까지 함께 섹스했던 사람들을 세어본다. 한 열 명쯤 되는 것 같다. 정말 문자 그대로 섹스 파트너이기만 했던 사람도 있고, 사귄 사람도 있고, 마음은 있지만 얼마 못 가 헤어진 사람도 있었다. 레드는 주로 PC통신 채팅을 통해 사람들을 만났다. 레드는 상대가 제안할 때까지 기다리는 법이 거의 없었다. 레드에게는 글이 말보다 훨씬 예민하고 글자 하나하나를 통해서 감정이 전해졌기 때문에 감정이 통하는 사람을 잘 찾아낼 수 있었다. 그런 사람과 대화를 지속해나가면서 자신에 대해서 미리 충분히 알리고, 사진도 교환하고, 만나기 전에 통화를 하면 대부분 판가름이 난다고 했다. 호감이 생기면 장애가 벽이 되지 않았다. 정확히 말해서 호감이 생기면 그가 피상적으로 알던 장애가 만남을 방해하지 않는다는 것이다. 이미 호감이 생긴 상태에서 만난 사람도 있고, 단지 만나서 섹스를 하자는 데 합의가 이뤄져서 만나는 경우도 있었다. 어쨌든 레드는 섹스에 대한 이야기를 미리 나누었고, 그에 대한 욕망을 서로 이해하고 만나는 것을 중요하게 여겼다.

그중에는 결혼까지 생각했던 C가 있었다. C와의 시작도 레드가 주도했다. 한 달 정도 통화를 하면서 호감이 커졌고 잠시 혼자 살고 있었을 때 C가 집에 놀러 왔는데, 레드가 먼저 자고 가라고 했다. 그날 처음 섹스를 시도했지만 둘 다 경험이 없어서 실패했다. 곧 세 번째 만났을 때 드디어 성공했다. 레드가 오버한다고 느껴질 정도로 C는 연애 초반부터 주변 사람들에게 레드를 와이프라고 소개했고, 만난 지 3년쯤 됐을 때는 C의 부모님도 만났다. 결혼까지 생각했는데 결국

안 좋게 헤어졌다. 대학교 4학년 때였는데, 너무 큰 상실감에 빠져 식음을 전폐하며 수업도 한동안 못 가고 PC통신에만 매달렸다. 그때쯤 만났던 D는 한 달에 두세 번 찾아와서 하룻밤을 보내는 식으로 몇 개월을 만났다. 그와 헤어진 이유는 잘 기억나지 않지만 C에게 받은 상처를 잊는 데는 도움이 됐다. E는 그야말로 섹스 파트너라고 할 만했다. 모텔을 잡아 거기서 만났고, 하룻밤을 지내고 나면 밥도 안 먹고 헤어졌다. 처음부터 섹스 파트너를 만들어야지 하고 마음먹은 것은 아니었지만 섹스할 상대가 필요했기에 몇 달 정도 만남이 이어졌다. E는 그야말로 '파워 섹스'를 지향했는데 피스톤 운동만 열심히 했지, 레드가 오르가즘을 느낀 적은 없었다.

최근에 만나고 있는 사람은 두 명이다. F를 알게 된 건 꽤 오래됐다. PC통신 시절 처음 만났다가 대학 시절 싸이월드를 통해 다시 연락이 닿았다. 그때 아는 언니와 재미 삼아 세미누드를 찍고 있었는데 그 사진을 한 장 보냈더니 당장 만나러 왔다. 그날 레드는 '거사'를 치르기 위해 근육 긴장을 풀려고 술을 마셨는데, 너무 많이 마신 나머지 토하느라 아무것도 못하고 말았다. 서로 민망하게 헤어지고 난 뒤 또 연락이 끊겼다가 수술한 이후 다시 연락을 취했다. 그때는 F가 결혼을 하고 직장에 다닐 때였는데, 회사가 레드의 독립해서 생활하는 집과 가까워서 회식이 있을 때마다 들르곤 했다. 사실 F는 섹스하는 것을 별로 좋아하지 않았고 사정 시간도 짧아서 레드의 만족을 채워주진 못했지만 정이 많이 들었다.

실제로 그는 레드를 많이 아꼈다. 서로 스킨십을 하고 이야기를 하는 것만으로도 좋은 시간이었다. 하지만 그것만으로 이 관계를 유지하기는 어려웠다. F도 자신이 섹스를 잘 못하는 걸 알았기에 이것저것 시도를 많이 하며 노력했다. 레드는 의지를 가지고 집중하는 게 중요하다는 점을 계속 강조했다. 분명히 노력한 보람이 보였다. 시간이 흐르고 경험이 쌓이면서 테크닉도 나아졌다. 노력이 F의 사정 시간을 늘려주지는 않았지만 레드의 만족감은 높일 수 있었다.

G는 몇 년 전 온라인 쇼핑몰 창업 과정을 배우러 갔다가 만났다. G는 자신의 성적 능력에 대해 자부심을 가지고 있었고, 조금 친해지자 이에 대해 자랑하곤 했다. 레드는 그 능력을 내가 한번 시험해보겠다고 농담 삼아 종종 말했고, 어느 날 새벽에 전화를 해서 정말 G를 불러냈다. G는 상대적으로 만족스러웠다. 섹스를 좋아했고 대화를 하며 서로 많이 가르치고 배웠다.

자존감이 섹스에 미치는 영향

섹스를 좋아하는 장애여성으로 소개하는 데 전혀 어색하지 않은 레드. 이렇게 살아오기까지 무엇이 동력이 되었을까. 레드는 자신의 거침없는 성격과 실패를 두려워하지 않는 자세 때문이라고 생각한다. "왜 이렇게 안 돼? 정말 이게 다야?"라고 질문하면서 새로운 시도를 멈추지 않았다. 그리고 정말 좋은 섹스를 하려면 서로에게 집중하는 것이 제일 중요하다. 다른 생각은 하지 말고 오로지 나에게 집중하고, 이 시간만큼은 날 정말 사랑하라고 한다. 서로의 몸에 충실하는 것. 부부관계, 연인관계라고 해서 자동적으로 만들어지지 않는다. 사실 사랑이라는 감정이라고 부르지 않아도 좋다. 그 순간 서로 존중하고, 서로의 만족을 위해 집중하고 노력한다면 좋은 섹스를 할 수 있다고 생각한다. 그리고 무엇보다 자신감이 중요하다. 자신감이 있어야 내가 무엇을 원하는지 알 수 있고, 나와 상대방에게 질문할 수 있고, 요구할 수 있기 때문이다. 게다가 내가 가지고 있는 장애 때문에 무엇인가를 포기하거나 참으려고 하지 않았다. 사실 레드가 원하는 것을 가로막고 자신감을 갉아먹는 요인들은 셀 수 없이 많을 수 있다. 하지만 섹스를 하기로 마음먹은 이상 자신이 원하는 것을 하지 않고 수동적으로만 임했을 때 그것은 '당하는 섹스'와 다를 바 없다고 생각한다. 지금까지 만난 상대들은 초반에 레드의 적극성에 다들 놀랐다고 했다. 대부분의 여성들이 처음부터 적극적인 태도를 보이는 경우는 별로 없기 때문이다.

레드는 단연코 결혼할 생각이 없다. 결혼은 여성에게 불리한 제도라고 생각한다. 특히 장애를 가진 여성에게는 말할 것도 없다. 누군가와 평생 한 공간에서 사는 것도 자신이 원하는 삶이 아니다. F가 집에 와서 일주일만 있어도 스트레스가 쌓인다. 내가 원하는 일상의 패턴이 무너지고 달라지는 것이 좋지만은 않다.

레드는 섹스를 통해서 스트레스를 해소한다. 피곤하고 나른함 끝에 오는 만족감을 계속 느끼고 싶다. 자신만의 공간을 가꾸고, 독립적인 생활을 유지하면서 섹스를 할 수 있는 파트너를 원한다. 섹스 파트너라고 해도 관계를 잘 유지하는 것이 중요하다. 맺고 끊는 것도 필요하고, 밀고 당기는 것도 중요하다. 내가 거절당해도 실망하지 않고, 내가 원하지 않을 때는 거절도 할 수 있어야 한다.

사실 자신감은 섹스할 때만 필요한 것이 아니다. 자신의 생활을 유지하고 일상을 살아가는 데에도 절실하게 필요하다. 전동휠체어를 타고 나왔을 때 자신을 원숭이 보듯 하는 사람들에게 익숙해지고, 그 시선에 주눅 들지 않고 오히려 즐기기 시작했을 때 외출이 달라지기 시작했다. 전반적으로 삶에 자신감이 없는데 섹스할 때만 자신감이 생길 리 없다. 섹스에만 자신감을 보이는 남자들은 상대방의 만족을 전혀 살피지 않는 경우가 많다. 자신감은 이기거나 능력을 증명하기 위한 것이 아니라 서로의 만족을 위해 필요한 것이다.

앞으로의 섹스 라이프는 어떻게 펼쳐질까. 지금의 관계들이 안정적이긴 하지만 어쩔 수 없는 지루함도 있다. 무언가 더 센 것이 필요하다. 문제는 새로운 사람을 만나는 것이 점점 어려워진다는 것이다. 예전처럼 PC통신을 해서 내가 마음에 드는 상대를 만나는 것은 불가능해졌다. 9시부터 6시까지 일하는 생활을 하게 되면서 열정도 식어버린 것 같다. 아마도 밤을 새우면서 음악을 듣고 누군가와 대화할 수 있는 시간도 다시는 오지 않을 수 있다.

마흔이 넘은 장애여성 레드는 이제 나이가 장애라고 말했다. 다니던 회사가 어려워져서 그만두고 새로 취업하려고 했지만 이 나이에 재취업은 쉽지 않았다. 섹스 파트너도, 회사도 나이 든 여성을 뉴페이스로 맞이할 마음이 없는 것 같다. 지금은 예전부터 하고 싶었던 미술치료사 일을 하기 위해 자격증을 따고 창업을 준비하고 있다. 이제는 내 사업을 해야 할 때다. 앞으로 나의 섹스 라이프는 어떻게 달라질까.

섹슈얼리티는 시민권의 척도

장애여성공감이 출발하면서 지금까지 내내 놓지 않는 화두가 장애여성의 섹슈얼리티이다. 여전히 해결할 수 없는, 진행되고 있는 질문들이 있다. 신체적, 정신적, 감정적으로 다른 몸과 경험을 가진 장애여성들이 '성폭력으로부터 보호받아야 할 대상'을 넘어서 자신의 성적 욕망과 쾌락을 어떻게 추구해나갈 수 있을까. 섹스가 매개된 관계가 폭력 피해만을 남기지 않을 수 있는 방법은 무엇일까. 언제나 성공을 보장할 수 없지만 실패할 수 있는 기회를 박탈당하지 않고, 섹스의 실패가 꼭 관계의 실패는 아닌, 그리고 관계의 실패가 꼭 삶의 실패는 아닌 그런 안전함을 어떻게 만들 수 있을까.

레드의 이야기는 답답한 벽에 구멍을 뚫어 물줄기를 내는 느낌으로 우리에게 다가왔다. 기본적으로 영감 포르노에 대해 비판적인 입장이지만 레드의 이야기는 그렇게 받아들여져도 좋겠다는 생각을 했다. 섹스에 대한 이야기이기 때문이다. 이 이야기가 성적 주체가 되지 못하고 몸과 외모의 조건 때문에 자신이 원하는 것을 탐색할 기회를 박탈당한 모든 이들에게 동기부여가 된다면 이 이야기는 장애여성에게 사회가 허락하고 기대하는 이야기를 훌쩍 뛰어넘는다는 점에서 더 이상 영감 포르노가 아니기도 하다.

우리 사회의 레드들이 더 늘어나고, 더 잘 살아가기 위해서 무엇이 필요할까? 많은 사람들은 성교육이라는 급한 결론을 낸다. 하지만 어떤 내용의 성교육을 어떻게, 어디에서 할 수 있는지 구체적으로 상상하는 일은 어렵다. 장애인의 성욕과 행동에 대한 '통제'를 주된 내용으로 한 성교육은 그저 '문제를 일으키지 않는 시민 만들기'인 것은 아닌가? 성교육이 젠더 불평등과 장애 불평등을 민감하게 인식하고 다양한 장애를 가진 이들이, 장애여성들이 자신의 성적 만족을 더 많이 확보하는 방향으로 이루어질 수 있을까? 몸 이미지를 주류와 다른 기준으로 볼 수 있는 역량을 만듦으로써 장애를 가진 몸에 대해 자신의 해석을 가지고 타인과 만날 수 있는 기회를 가질 수 있을까? 자신의 욕망과 성적 만족을 추구하는 방법을 찾아내기 위해서 시간과 비용을 투자하도록 지지받을 수 있을까? 보호주의적 안전을 넘어서 평등을 지향하는 실험으로서 성교육이 이루어질 때 우리는 더 많은 레드들을 만날 수 있다는 것을 감지할 수 있다.

더 많은 레드들이 등장하고, 그 이야기를 우리가 들을 수 있는 날은 언제쯤 올까? 많은 장애여성들은 자신의 성적 욕망에 대해서 깊이 생각해보거나, 대화해보거나, 실행해보거나, 실패해볼 기회를 갖지 못하고 있다. 한국 사회는 레드들의 이야기에 얄궂은 호기심을 가지지만 자신의 가족으로, 친구로, 동료로, 애인으로 받아들일 준비는 하지 않는다. 따라서 레드들이 등장하기 어려운 이유는 레드가 장애를 가진 여성이라는 이유로만 설명할 수 없다.

레드의 경험은 매우 특수하고 특별한 이야기이지만 보편적인 통찰을 주는 이야기로 연결된다. 특히 "받기만 하는 섹스는 당하는 섹스이다" "삶에 대한 자신감이 없는데 섹스에만 자신감을 가질 수는 없다", 이런 이야기를 이해하고 공감하는 사람은 주로 받기만 하는 섹스를 하는 사람, 삶에 대한 자신감이 없는 사람이다. 이런 이야기를 통해서 다시 한 번 '왜?'라는 질문을 해본다. 그 질문은 장애여성을 약자로 만드는 사회적 구조와 그것이 섹스에 미치는 영향에 대해서 더 생각하게 만든다. 섹스에 대한 이야기가 단지 야한 얘기가 아니라 장애여성의 삶의 조건과 시민적 지위를 가늠하게 하는 중요한 통로라고 우리 스스로 생각하기 시작할 때, 장애여성의 삶도, 섹스에 대한 생각과 경험도 더 달라질 수 있을 것이다. 다양한 약점을 가졌다고, 다양한 이유로 소수자의 위치에 놓여 있다고 여기는 다양한 존재들에게 레드의 용감한 이야기가 중요한 참조점이 되길 바란다.

몸

부푼 가슴으로 비틀거리기

글: 배복주

나는 지인들로부터 가끔 이런 이야기를 듣는다. 어중간한 장애인이라서 자꾸 장애인에게 필요한 것들을 패스하게 된다고. 나는 가끔 휠체어를 타지만 짧은 거리는 직접 걸어갈 수 있고, 계단이 있어도 힘들지만 올라갈 수 있다. 손과 눈에 장애가 없어 운전도 가능하고, 집 안에서는 집안일도 거의 대부분 할 수 있고, 언어장애가 없어 의사소통이 원활하다. 그래서 2층으로 올라가야 하는 음식점이나 문턱이 높은 음식점도 갈 수 있기 때문에 비장애인들과 맛집을 함께 갈 수 있다. 토론하고 소통하는 공간에서는 휠체어를 타거나 언어에 장애가 있거나 인지상 장애를 가진 사람들에 비해 내 장애는 명함도 못 내밀 정도이다. 그래서 어떤 비장애인 지인은 나를 "준장애인"이라고 부르기도 하고, 장애인 지인들은 "비장애인 같다"고 말하기도 한다. 하지만 이런 나의 상태는 내 삶에서 중요한 이슈였다. 어중간한 장애 때문에 장애인 커뮤니티에서 나의 장애에 대한 경험이 공감되지 못한다는 생각과 비장애인 커뮤니티에서 나의 장애가 불편함을 준다는 생각 때문에 여러 관계와 소통에서 위축될 때가 많다. 생각해보면 '장애를 갖고 있는 여성'으로서 살아온 삶은 젠더와 장애가 교차되면서 더 위축감과 고립감을 느끼게 한 것 같다. 만약 '장애남성으로 살았더라면 어땠을까'라는 상상을 해본다. 아마도 사람들은 절면서 걸어가는 내 몸보다 나의 역량이나 리더십에 더 집중해줬을 거라는 생각이 든다.

나는 어릴 때부터 드러나 보이는 내 몸의 장애를 가리기 위해, '여성스럽고 착하고 순한 여자아이'로 칭찬받기 위해 노력했던 것 같다. 장애여성으로서 나다움을 드러내기보다 착하고 똑똑함을 보여줌으로써 장애를 극복하려고 했다. 남성 중심/비장애인 중심 사회에서, 내가 가진 위치에서 차별을 받는 것이 당연하다고 생각했고 그것은 개인의 노력으로 극복해야 하는 과제라고 생각했다. 그런 생각이 내재화되면서 나는 나보다 장애가 심한 사람들에게 동정심을 가지는 한편, 걸을 수 있고 말할 수 있는 나의 장애 상태에 대한 우월감을 느끼기도 했다. 그렇게 나는 '정상적' 범주에 속하는 안정감을 갖고 싶었다.

하지만 장애여성운동을 시작하고 페미니즘을 접하면서 이런 내 마음을 해석할 수 있었다. 차이를 드러내면서 다양성을 존중한다는 것은 무엇일까? 나는 그동안 나의 장애 때문에 내 몸이 매력적이지 않다고 생각해서 늘 위축되어 있었다. 그런데 그런 생각을 하도록 한 것은 정상적/일반적/주류적인 것을 나누는 사회적 인식과 문화 때문이라는 걸 깨달았다. 차이에 기반을 둔 다양성이 존중된다면 사회적 소수자들이 동정의 대상, 복지의 대상, 혐오의 대상으로만 분류되지는 않을 것이다. 그래서 사회 변화를 위해서는 남성 중심/비장애인 중심/이성애 중심/선주민 중심/성인 중심 사회에서 소수자가 되는 개인이 스스로 노력하고 극복하는 것보다 사회적 인식과 문화를 변화시키는 것이 무엇보다 중요하다는 생각을 하게 되었다. 장애여성운동을 통해 만나왔던 사람들과 교류하고 소통하면서 나는 세상을 보는 다른 렌즈를 장착하게 되었다. 이제 조금 내 몸의 기억을 다른 언어로 표현하고 설명하는 시도가 가능해진 것이 아닐까?

너무 이상한 내 몸

초등학교 6학년. 같은 반 친구들과 찍은 사진 한 장. 이 사진의 맨 오른쪽 뒤쪽에 서 있는 내 몸. 그 사진 속 나는 키가 크고 가슴도 매우 크다. 부모님이 잘 걷지 못하는 나를 위해 학교 근처로 이사하고 초등학교에 입학했다. 1년 늦게 학교를 갔더니 같은 학년 친구들에 비해 키도, 덩치도, 가슴도, 머리도 크고, 모든 몸이 커 보였다. 나는 유난히 가슴이 컸는데 그게 무척 부끄럽고 싫었다. 그 사진 속의 나를 보면 다른 친구들과 전혀 어울리지 않고 혼자만 어른 같은 느낌이 든다. 그 당시 나는 큰 가슴이 부끄러워서 압박붕대로 가슴을 싸매고 학교에 간 적도 있었다. 심지어 그때 생리도 시작했다. 생리에 대한 정보가 전혀 없었던 나는 죽을병에 걸린 줄 알고 엄청 울기도 했고 무서워했다. 하지만 가난하고 배운 것이 없었던 부모님은 내가 생리와 가슴에 대해 고민한 것도 눈치채지 못했다. 언니도 없었던 나에겐 그것이 누구에게도 말을 할 수 없었던 큰 고민거리였다. 하지만 어느 누구도 '이럴 땐 이렇게 해야 된다'고 말해주거나 '부끄러워하지 않아도 된다'고 위로해주는 사람은 없었다. 나는 그때부터 '너무 이상한 내 몸'이 싫었고 내 몸을 부정했다. 삐뚤삐뚤 걷는 것도 위축되는데 심지어 큰 가슴이 출렁거리는 건 심리적 고립감을 갖게 만든 경험이었다. 40여 년 전 초등학교 시절부터 가슴을 가리기 위해 어깨를 움츠리는 버릇이 생기고 무거운 가슴 때문에 어깨가 처지고 허리가 아픈 통증이 일상화되었다.

중학교 2학년. 받아쓰기 20점을 받던, 우울하고 외로웠던 초등학교 시절을 지나 중학교에 올라와서 공부를 잘하는 방법을 스스로 터득한 나는 매우 열심히 공부를 했고 우수한 성적을 받았다. 선생님들에게 '너는 장애가 있지만 공부를 잘하니까 열심히 하면 훌륭한 사람이 될 수 있다'라는 격려와 칭찬을 많이 받았다. 수업 시간에 숙제를 해온 사람에게 발표를 시키는 선생님이 있었는데, 나는 숙제를 열심히 했고 발표도 하고 싶었다. 그런데 일어나서 교탁까지 나가는 거리가 나에게는 너무 멀었다. 일어나서 걸어가는 내 모습을 보고 친구들이 나를 어떻게 생각할까. 걸어가던 중에 넘어진다면 어떤 시선으로 나를 바라볼까. 이런 생각 때문에 늘 발표는 포기했고 짝꿍이 나의 숙제를 가지고 나가서 발표를 하곤 했는데, 그때 내 마음은 참 복잡했다.

어느 날은 담임 선생님이 나를 불러서 가난한 우리 집 사정을 살펴 장학금을 주는 효행상 대상자로 추천했고 선정이 되었다고 했다. 문제는 운동장에서 전체 학생 조회를 할 때 전교생 앞에서 상을 받아야 했던 것이다. 그때 나는 운동장에 오래 서 있을 수 없어서 전체 학생 조회에 빠지고 교실에 혼자 있었다. 수업 시간에 발표하는 것도 주저했던 나는 당연히 조회에 나가지 못했고 대리 수상을 하는 것으로 만족해야 했다. 다른 사람들에게 내가 걷는 모습을 보이는 것에 대한 두려움은 외롭고 우울한 감정으로 변화되었고 자신감도 많이 잃어버렸다.

그 시절 공부 잘하는 학생의 전유물인 학급의 반장도 나는 한 번도 해본 적이 없다. 선생님들이 "너는 몸이 불편해서 반장은 할 수 없단다"라고 말했다. 아마도 그 시절의 경험은 장애가 있는 몸 때문에 할 수 없는 일이 있다는 것을, 그 때문에 적정선에서 포기해야 한다는 것을 알게 해주었던 것 같다.

무엇으로 나의 장애를 극복하고 자신감 있게 살아갈 수

있을까? 그 시절 나의 최대 고민이었던 것 같다. 돌아가는 다리가 원망스럽고 걷고 싶지도 않던 시기였다. 선택받고 싶고 인정받고 싶은 욕구가 있었지만 나의 장애 때문에 선택받지 못하는 몸이라는 생각을 많이 했다. 성인이 될 때까지도 무엇인가를 선택해본 경험이 없고 그 기회도 잘 주어지지 않았는데 아마도 '장애'를 가진 '여성'이라는 나의 사회적 위치 때문에 더욱더 그랬을 것이다.

비정상에 대한 두려움

고등학교 1학년. 수학여행. 초등학교와 중학교 시절에 소풍이나 견학 활동에 참여해본 적이 별로 없다. 그때마다 나는 늘 아팠다. 아니 아파야 했다. 불참의 이유는 장애가 아니라 '아파서'였다. 장애로 인해 참석을 못하는 것은 학교 입장에서는 장애 학생을 배제하는 것이지만 아프다는 개인적인 사유로 참석하지 못하는 것은 나를 위한 배려였기에 모두가 불편하지 않은 상황이 된다. 하지만 고등학교 때 담임 선생님은 나에게 "왜 안 가니? 함께 가야 해"라고 말씀하셨다. 그래서 처음으로 선생님, 친구들과 함께 수학여행을 갔다.

내 몸이 기억하는 두 가지가 있다. 하나는 산을 올라가는 길에 남자 선생님들의 등에 업혀서 불편한 접촉을 감내하며 땀 냄새를 진하게 맡았던 기억이다. 다른 하나는, 내가 업히는 것을 동의한 적도 없지만 업히지 않고 어디도 갈 수 없는 상황에서의 어색함이나 난감함 같은 감정들이다. 나를 업었던 남자 선생님은 어떤 생각을 했을까? 선생님으로서 불편한 학생을 위해 기꺼이 해야겠다는 생각을 했을 수도 있고, 왜 군이 수학여행을 와서 이렇게 고생을 시키는 걸까 하고 원망을 했을 수도 있다. 나는 수학여행에 대한 호기심과 친구들과 함께 여행을 갈 수 있다는 들뜸으로 이런 상황을 미처 생각하지 못했다. 그래서 그저 생각 없이 내 몸을 맡겨버린 무책임한 사람으로 평가되는 것 같아서 불안하고 미안했다. 그렇기 때문에 업혀 있는 상태의 불편함에 대해 한마디의 불평도 없이 가만히 참고 있었다. 몸이 무거워질까봐 물도 잘 안 마시고 밥도 거의 먹지 않았다. 그때 경험 때문에 지금도 여행을 가게 되면 발생할 수 있는 예측 불가능한 상황에 대한 불안과 분노가 있다. 그리고 얼마나 가야 하는지 물었을 때 함께 걸어가는 동료가 '조금만 가면 돼요' '얼마 안 돼요' '바로 앞이에요' 하고 말할 때 거리가 얼마나 되는지 정확하게 말해달라고 한다.

또 하나. 더 이상 걷지도 못하고 업히지도 못하게 된 상황에서 나는 친구들이 견학하는 동안 관광버스 안에서 기다리고 있었다. 그런데 버스 기사가 내가 앉아 있는 자리 옆으로 와서 가슴, 얼굴, 머리를 만졌다. 무섭고 불쾌했다. 나는 그때 그 행위를 '성폭력'이라고 명명하지 못했고 어떻게 대응해야 할지 몰랐고, 도망도 가지 못하는 나의 몸 때문에 침묵으로 시간을 견뎠다. 15년 넘게 성폭력 피해자를 상담하고 지원하고 있는 나는 그 버스 기사를 응징하고 싶지만 얼굴이 기억나지 않는다. 그때의 성폭력 피해 경험은 내 몸 한편에 아직도 고스란히 남아 있고 그때 뺨이라도 한 대 후려치지 못한 분노가 여전하다. 처음으로 간 나의 수학여행 기억은 설렘과 기대보다는 불편하고 불쾌했던 몸의 경험만 남게 되었다.

고등학교 2학년. 소아마비로 장애를 갖게 된 사람들은 한 번쯤 들어봤을 여수 애양병원. 그 병원에서 수술을 하면 잘 걸을 수 있을뿐더러 예쁘게 걸을 수도 있다고 해서, 기대 반 우려 반 몇 명의 장애인과 함께 진단을 받은 적이 있다. 진단 결과는 수술을 해도 크게 효과가 없다는 것이었다. 하지만 보조기를 착용하면 다리가 많이 돌아가지 않을 것이고 예쁘게 걸을 수 있을 것이라고 했다. 그래서 심하게 돌아가는 왼쪽 다리에 무릎 아래까지 보조기를 맞춰서 착용했다. 보조기를 착용하고 처음으로 등교를 했다. 걸어가는 동안은 인식하지 못했고 신발처럼 생각하면서 걸었다. 그런데 교실에 앉아서 수업을 듣는데 '보조기를 신고 앉아 있어도 장애 상태가 유지되는구나' '내 친구들과 다르다'는 느낌이 들었다. 그 다름과 어색함 때문에 서럽고 화가 나 수업 시간 내내 울었던 기억이 있다. 비장애 학생들과 공부하고 난간을 잡고 5층 계단을 오르내리며 매점을 다니고 수다 떨고 놀았던 나는 심리적으로 나를 '비장애' 상태로 여겼다. 그런데 보조기가 장착된 상태에서는 계단을 오르내리는 데 불편하기도 하고 앉아 있는 상태에서도 다리를 마음대로 움직일 수 없었다. 계속 느껴지는 차가운 쇠의 느낌이 매우 이질적이어서 서 있을 때나 앉아 있을 때조차 '장애' 상태라는 것을 느껴야 했다. 여덟 시간 수업 내내 눈물을 흘렸을 때 나는 비정상에 대한 두려움을 느꼈던 것 같다.

그날 이후 보조기를 빼버렸다. 삐뚤삐뚤 걷더라도 앉아 있을 때는 비장애 상태를 유지하고 싶었다. 몸에 보조기를 장착한다는 것이 정상과 비정상의 경계처럼 느껴져서 불편하고 싫었다. 나는 수술도 하지 않았고 보조기도 없이 그냥 살았다. 그래서 지금은 허리도 많이 휘고 다리도 더 많이 돌아가고 걷는 것도 더 힘들다. 좀 더 나이가 들면 휠체어를 타고 다녀야 할 것이다. 당시에 정상성에 대한 강박과 장애에 대한 부정이 있었지만 그렇다고 수술을 하거나 보조기를 장착했어야 했다는 후회는 없다. 지금의 나는 휘고 삐뚤어져 걷는 내 상태에 집중하고 있기 때문에 괜찮다. 전동휠체어를 타기도 하고 수동휠체어를 타기도 하고 지팡이를 짚기도 하고 운전을 하기도 한다. 많은 보장구를 이용하면서 이동을 하는 것이 나쁘지 않다. 억지로 잘 걸어보겠다는 생각으로 나를 괴롭히거나 힘들게 하고 싶지 않다. 사회 환경적인 조건을 잘 만들어내는 것이 중요하다. 다만 지금도 바라는 것은 내가 걸을 때 함께 걷는 이들이 나의 속도를 배려해주는 것이다.

장애남성과는 다른 장애여성의 연애와 결혼

대학 시절. 여중과 여고를 다녀서 대학만은 남녀공학을 가고 싶었다. 연애를 간절히 경험해보고 싶었다. 그런 나에게 처음 다가온 사람은 장애인 대학생 동아리에서 활동하는 사람들이었다. 목발을 짚고 나를 향해 돌진해오던 장애남성이 있었다. 그 남성을 보고 나는 더 이상 걷지 않고 가만히 서 있었다. 다리를 저는 두 남녀가 걸어가는 상황은 나에게는 최악이었다. 어떤 식으로든 피하고 싶었다. 그가 나를 지나치길 바랐는데, 내 앞에 딱 서서는 "우리 동아리에 들어오실래요?"라고 물었다. 바로 나는 "아니요"라고 거절했다. 그런데 그 장애남성 대학생은 다짜고짜 나를 설득하기 시작했다. 그렇게 서 있는 것도 싫었다. 그래서 "네네, 알겠습니다"라고 하고 그 자리를 피하려고 했다. 내가 앞서 걸을 수도 없고, 이 자리를 떠나지도 않는 이 장애남성. 이 상황을 어찌하랴. "연락처 드릴 테니 나중에 연락해주세요"라고 말하고 전화번호를 적어주었다. 그제야 그는 내 시야에서 사라졌다.

그렇게 알게 된 동아리에서 대학 시절 대부분을 보냈다. 기대했던 비장애남성과 연애할 기회는 몇 번 있었지만 동정심, 의리 등의 감정으로 그냥 여사친, 남사친으로 지내는 걸로 귀결되었다. 비장애남성과 연애를 기대했던 것은 나의 비정상을 정상화시킬 수 있을 것 같은 비장애남성의 외연을 갈망했기 때문이었을 것이다. 그리고 연애가 성사되지 않은 것은 손상된 내 몸이 성적 대상으로 매력이 없었기 때문일 것이다.

장애인 대학생 동아리에서 활동하며 부원들과 서로 장애에 대한 공감대가 형성되었다. '장애인끼리' 함께하는 것에 편견보다 편안함이 생겼고 그게 좋았다. 동아리 활동을 통해 장애인 차별 문제를 알았고, 장애인운동을 하는 서울 지역 활동가들과 알게 되며 연대감도 생겼다. 학생운동과 노동운동의 연결을 통해 사회의 구조적인 문제도 인식하게 되었다.

하지만 우리 동아리에서는 회원 간의 연애나 결혼을 금기시하는 문화가 있었다. 장애인끼리 연애하는 것은 '온전치 못한 몸끼리 의지하면서 사는 것'이라던가 '그래도 불편한 사람끼리 사는 게 마음은 편하다'라던가 '장애가 있으니까 저렇게 다니지' 등의 장애에 대한 편견을 만들어내기 때문이라고 했다. 하지만 다른 이유가 있었다는 것을 나중에야 알았다. 장애남성 회원은 장애여성보다 비장애여성들과의 연애와 결혼을 생각하고 있었고 그에 대한 시도와 노력은 정당하다는 것을 말하기 위해서였다는 것을 말이다. 동아리 선배들을 보니, 장애남성들은 거의 비장애여성들과 결혼을 했지만 장애여성들은 파트너가 없는 경우가 많았다. 그때는 잘 몰랐지만 지금 생각해보면 여성과 남성의 선택 기준이 다른 것이 그대로 적용된 것이었다.

장애남성이 비장애여성과 연애를 하고 결혼에 성공한 경우는, 좋은 대학, 좋은 학과(약학과, 한의학과, 치의학과, 전자공학과, 특수교육학과 등)를 나와 한의사나 약사 같은 전문직, 공무원 등과 같은 좋은 직업을 가지는 경우다. 그들은 연애와 결혼 시장에서 몸이 약간 불편하지만 재력과 학력을 갖춘 능력 있는 사람으로 인정받는다. 그래서 '착한' 비장애여성들에게 선택받는 경우가 많다. 좀 다른 이야기이기는 하지만 장애남성들은 '먼저 사고 치면 된다'는 말도 많이 한다. 당시만 하더라도 여성이 임신을 하면 그 부모가 어쩔 수 없이 결혼을 승낙하는 경우가 많았다. 상대 여성의 부모는 '이렇게 된 거 어쩌겠느냐'며 자신의 딸이 다른 사람을 만날 수 없는 '순결하지 못한' 상태임을 인정하고 '그래도 남자가 장애가 있으니 바람은 안 피우고 너한테 잘해줄 거다'라고 말한다. 그땐 몰랐지만 지금 생각해보면, 당시 장애남성의 연애와 결혼 전략이 우리 사회의 가부장적인 문화와 장애 차별적인 인식을 묘하게 잘 활용한 것 같다는 생각이 들기도 한다.

반면 장애여성은 몸의 경쟁력이 없기 때문에 비장애남성에게 선택받지 못한다. 장애여성은 능력을 갖춰도 결혼 시장에서는 남성에게 자원화되지 못하는 몸이기 때문에 평등한 협상이 이뤄지는 것이 불가능하다. 장애여성인 선배를 보면서 성차별에 자극을 받았고, 결국 나도 여성으로서 나의 몸에 대한 등급이 분명해지는 경험을 했다. 아마도 남성들 입장에서 친구로서는 그럭저럭 좋지만 연애하기엔 부담스럽고 결혼은 가능하지 않은 등급 정도가 아닐까.

장애여성운동, 내 몸을 다른 각도로 바라본 시도들

장애여성공감을 함께 만들고 활동한 지 벌써 20년이다. 활동을 처음 시작할 때 서로의 몸에 대한 이야기를 많이 나누면서 처음으로 내 몸을 구체적으로 생각해본 것 같다. 내 몸 구석구석을 살펴보기도 하고 그 모양이나 기능을 생각해보면서 내 삶에 미친 인식이나 관계도 생각해봤다. 그렇고 그런 몸이라고 머릿속 어느 한구석에 방치해두었던 것을 다시 소환해서 다른 각도로 바라보는 작업은 부끄럽고 혐오스럽다고 생각했던 부분을 털어내고 내 삶에서 어떤 의미로든 존재했고 나와 함께 해온 몸의 수고를 생각할 수 있었다.

나의 발은 왼발과 오른발이 다르게 생겼다. 왼발은 아킬레스건이 없어서 쪼그라들어 쫙 펴지지 않지만 힘이 있다. 오른발은 '정상적'으로 생겼지만 힘이 없다. 모양이 정상적인 오른발과 기능이 정상적인 왼발이 적당히 교차되었으면 좋겠다는 생각을 오래전부터 해왔다. 여수 애양병원에서 나를 진료했던 의사는 두 발의 기능이 적절하게 교차되도록 수술해주겠다고 했다. 내 마음속을 들여다본 것처럼 말했다. 하지만 이미 손상된 두 발을 교차하는 것은 결국 손상된 기능도 함께 교차되는 것이기 때문에 두 발에 다 힘이 없어지는 것을 각오해야 하는 일이었다. 나는 결국 포기했다. 수술을 하지 않고 지금까지 살아온 나의 왼발은 굳은살이 아주 많이 박여 있다. 온갖 각질 제거 물품을 사용해봤지만 굳은

살은 깔끔하게 정리되지 않았다. 그래도 지금은 굳은살이 박여 있고 쪼그라들어서 펴지진 않지만, 지금까지 걸을 수 있게 해주고 운전을 할 수 있게 해준 왼발 뒤꿈치가 대견하다는 생각을 한다. 언젠가 휠체어가 나의 일상으로 등장하게 되면 왼발 뒤꿈치를 좀 쉽게 해줄 수 있을 것 같다.

오른발은 힘이 없기 때문에 계단을 오르내릴 때 난간을 짚어야 한다. 오른발이 힘이 없는 것은 오른쪽 무릎의 힘줄이 손상되었기 때문이다. 힘이 없어서 넘어지면 뼈가 잘 부러진다. 오른쪽 다리는 같은 부위에만 두 번 깁스를 한 적도 있다. 두 번 모두 의사는 한 달 정도면 뼈가 붙을 거라고 했지만 나는 두 번 모두 8개월 동안이나 깁스를 해야 했다. 오른쪽 다리는 잘 사용하지 않기 때문에 뼈도 약하고 근육도 없다. 하지만 불필요하게만 여겼던 오른발도 왼발의 수고를 지지해주는 역할을 충분히 하고 있었다. 가끔 왼발이 힘들어서 지쳐 있을 때 1분정도 힘을 주고 서 있을 수 있도록 힘을 내주기도 했다. 그래서 괜찮다.

가슴 이야기를 좀 해보면, 나의 큰 가슴 때문에 가장 곤혹스러운 것은 두 가지다. 브래지어를 구입하는 것과 유방암 검사를 할 때이다. 홈쇼핑이나 속옷 가게에서 팔고 있는 브래지어는 대부분 A, B, C컵 사이즈이다. 하지만 나는 그게 맞지 않는다. C컵을 착용해도 늘 공간이 부족하다. 챙겨서 주는 뽕도 나는 필요 없다. 몸에 맞지 않은 브래지어를 착용하면 가슴이 비집고 나오거나 매번 브래지어 끈이 꼬이거나,

겨울에도 땀이 고인다. 이를 정돈하기 위해서라도 헐렁한 옷을 입을 수밖에 없었다. D컵, F컵을 착용하면 내 상체를 브래지어가 다 차지하게 된다. 진심으로 브래지어를 착용하고 싶지 않다. 그리고 매년 건강검진 시에 유방암 검사 순서가 되면 긴장이 된다. 검사하는 기계에 가슴을 올려두어야 하는데, 가슴이 그 검사판을 초과하게 될까봐 긴장한다. 유방암 검사판은 왜 그렇게 작은지 모르겠다. 검사자의 시선도 불편하지만 나를 긴장시키는 것은 검사판이다. 이런 곤혹스러운 경험들 때문에 심각하게 가슴 축소 수술을 생각하기도 했다.

장애여성운동을 하면서 여성운동에서 브래지어를 집어던지는 것으로 몸에 대한 해방감을 느끼는 부분을 이야기한 적이 있다. 그런데 나는 브래지어를 하지 않으면 어깨와 허리가 더 아픈 통증을 느끼게 되는데, 이런 감정을 어떻게 언어로 설명해야 할까? '브래지어를 착용해서 여성으로서 젖꼭지를 드러내지 않는 것이 예의'라는 인식을 깨면 된다. 필요에 따라 개인이 선택하면 된다. 남성이라도 가슴이 커서 브래지어를 착용하며 어깨와 허리의 통증이 덜해진다거나, 브래지어를 하고 싶으면 착용하면 된다. F컵 브래지어를 입더라도 나의 통증을 줄일 수만 있다면 좋겠다는 생각이 든다. 그런데 홈쇼핑에서는 왜 브래지어와 팬티는 세트로만 팔까. 나는 각각 사이즈가 달라서 브래지어를 구입하면 팬티가 맞지 않다. 홈쇼핑에서도 따로따로 사이즈별로 구입할 수 있었으면 좋겠다. 몸에 꼭 맞는 브래지어를 제작해주는 곳도 많이 있었으면 좋겠다. 가끔은 브래지어를 착용하지 않고 출렁출렁거리는 가슴으로 길을 걸어도 쳐다보거나 손가락질을 하지 않는다면 내 컨디션에 따라서 자유롭게 다리를 절면서 가슴을 출렁대며 길거리를 다니고 싶다. 왜 이렇게 사람들은 여성의 가슴을 쳐다볼까? 그만 봐주길 바란다.

이렇게 나를 힘들게 하는 내 가슴은 내 삶에 무슨 의미일까. 내 몸에서 가장 불필요하고 무겁기만 했던 가슴의 필요성을 생각한다는 게 쉽지 않았다. 그래서 활동 초기에 여성운동을 하는 활동가들이 주로 활동하는 온라인커뮤니티에서 처음으로 '부푼 가슴으로'라는 카페를 개설해 활동한 적이 있다. 가슴 큰 여성들의 수다방이었다. 당시 가입 회원이 열 명 남짓 되었던 것 같다. 가슴 큰 여성들에 대한 사회적인 편견과 가슴 무게감으로 인한 통증에 대해 토로하는 공간이었고 서로 공감하고 위로하는 이야기를 나눴다. 그 활동을 하며 같은 경험을 하는 여성들과의 유쾌하고 시원했던 '샤우팅'을 통해 묘한 해방감을 느끼기도 했다. 나의 가슴은 어쩌면 몸에 대한 다양성이나 부정당하는 몸에 대해 이야기할 수 있도록 역할을 한 것인지도 모르겠다. 그래서 괜찮다.

기울어지고 비틀거리는 몸과 함께

다른 사람들과 마찬가지로 나도 일상적으로 몸에 대한

코멘트와 평가를 듣고 말한다. 주로 장애, 건강, 운동, 외모, 스타일 등에 대해서다. 젊은 시절에는 장애가 잘 드러나지 않도록 하는 외모와 스타일에 대한 코멘트가 많았다면 나이가 들면서는 장애로 인해 변형되고 약해지는 몸 때문에 건강과 운동에 대한 코멘트가 많다.

작년에 건강검진을 받은 결과는 고도비만, 당뇨 적신호, 간 기능 저하 등이다. 그래서 주변에서는 "살을 빼야 한다"는 말을 하고 스스로도 "살을 빼겠다"고 결심을 수없이 했다. 40대에 접어들면서 다양한 다이어트를 시도했다. 운동기구도 사고 땀복도 사고 한약도 먹고 다이어트 약을 먹기도 했다. 운동기구는 한 달 정도 열심히 사용하다가 중단했다. 누워서 TV를 볼 때 운동기구를 쳐다보면서 언젠가는 사용하겠다는 결심만 수년을 했다. 땀복은 숨이 막혀서 딱 이틀 입고 그만두었다. 한약으로 8킬로그램 감량에 성공했지만 3년 만에 몸무게는 복원되었고, 현재도 TV 홈쇼핑 쇼호스트의 유혹으로 사둔 다이어트 약이 식탁 위에 있다. 그나마 과식을 하고 난 후에 다이어트 약을 먹고 '더 찌지는 않겠지'라는 위안을 하며 잠이 든다. 매일 아침마다 몸무게를 잰다. 그리고 나오는 몸무게에서 5킬로그램을 뺀다. 가슴 무게를 빼기 때문이다. 스스로 생각해도 웃기지만 그래야 그게 '나의 정상적인 몸무게'라고 생각한다.

지금도 나는 여전히 뚱뚱하다. 소아마비 특성상 다리는 가늘어지고 위의 몸은 점점 비대해지니 더 걷지 못하고 조금만 걸어도 숨이 차다. 그래서 주변 사람들이 운동을 하라고 한다. 어떤 운동이 나에게 가능할까. 지속 가능한 운동을 찾고 싶지만 마땅한 게 없다. 현재로선 음식을 줄이는 것 말고 방법이 없다고 생각하지만 나이가 들어가면서 사회적 관계망도 다양해지다보니 음식이 관계를 맺는 수단이 되면서 음식을 줄이는 게 쉽지 않다. 장애로 인해 나의 몸은 점점 기울어지고 있기 때문에 체중 조절이 필요하다. 건강한 삶을 위해 무엇일지 모르지만 꾸준히 시도를 해나갈 예정이다.

장애를 가지고 살아가는 여성들은 몸의 경험에 대해 인정이나 지지의 말보다 우려와 폭력의 말을 더 듣게 된다. 그래서 드러내고 표현하고 이야기하는 것보다 감추고 통제하는 방식으로 더 이야기한다. 장애가 있기 때문에 여성의 역할을 수행할 수 없다는 성차별적인 통념에서 자유로울 수 없고, 매력적이지 못한 몸 때문에 사회적으로 낮은 위치에서 일상화된 장애 차별에 저항하는 것이 힘들다.

나의 몸에 대해서 처음으로 이렇게 길게 글을 쓴 것 같다. 글을 쓰면서 내내 '너무 장애스럽지 않게' 써야지 생각하다가도 한편으로 또 '너무 여성스럽지 않게'라고 의식하면서 중심을 잡지 못하고 비틀거렸다. 그러면서 몸과 연결된 나의 가족 이야기, 나의 섹스와 연애 이야기는 쓰지 않았다. 아직은 글로 드러낼 수 있는 자신감이 없기 때문이다. 내가 용기가 부족해서일 수도 있고 아직 부족한 사회의 인식에 대한 두려움 때문일 수도 있다. 20년 동안 활동하면서 장애여성공감에서 매우 많은 도전을 받았고 변화되었다고 생각했지만 여전히 나를 평가하는 말에는 긴장감이 생기고, 장애남성과 결혼을 한 나의 성 역할에 대한 고민을 하고 좌절감도 느낀다. 공식적이고 격식 있는 자리에 갈 때면 내 몸의 등장이 민폐가 되지 않나 하는 부끄러운 생각도 하고, 활동가로서 요구받는 똑똑함에 나는 한참 부족하다는 열등감도 갖고 살아간다.

앞으로도 이러한 비틀거림은 계속될 것 같다. 내가 선택하고 결정한 것이 반드시 성공적일 수 없을 것이고 실패와 좌절의 경험도 하게 될 것이다. 그래도 사회적으로 차별받고 있는 사람들과 함께 연대하고 나의 경험을 정치화하면서 차별을 드러내고 주체적으로 살아가고 싶다. 이상한 나의 몸과 언제나 함께하면서.

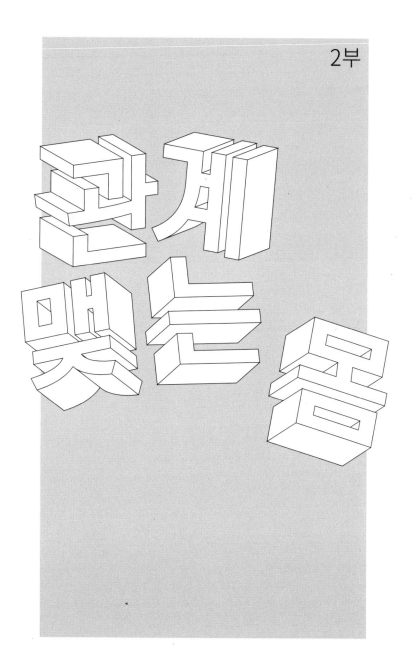

2부

양육

장애와 살아가는 삶을 물려주기

말: 경순 | 글: 이진희

샤르코 마리 투스(Charcot-Marie-Tooth)라는 병과 함께 60년을 살아온 경순은 같은 병을 가진 쌍둥이 딸 둘을 양육했다. 심신장애자복지법이 장애인복지법으로 개정되던 1989년 즈음에 경순은 장애여성의 몸으로 두 딸을 낳았다. 당시 한국 사회는 장애여성운동이 일어나기 전이었으며 장애인에 대한 사회적 지원이 거의 없던 시절이었다. 장애인복지법으로 개정되었지만 여전히 병신, 불구, 앉은뱅이 등 장애인에 대한 멸칭이 횡행하던 때였다. 경순은 장애가 있는 '자기 몸 하나 믿고' 두 아이를 장애와 함께 살아가는 사람으로 키워냈다.

"내 인생? 좋을 것도 나쁠 것도 없지"

경순은 좀처럼 자기 이야기를 하지 않는다. 무표정하게 어딘가를 응시하다가 '그런 걸 왜 묻나?' 싶은지 쳐다보다가. 흠…… 낮은 한숨이 깔린다. 언제 시작하려나 조바심이 날 때쯤 특유의 심드렁한 말투로 입을 연다. 막상 말을 시작하기만 하면 늘 "내 인생" "내가"라는 주어를 빼놓지 않는다. "좋을 것도 나쁠 것도 없는 그냥 내 인생"이란 자평은 평생 원치 않는 주목을 계속 받아야 했기 때문일 거다. 장애여성으로서 장애가 있는 두 명의 아이를 키워온 그에겐 어쩌면 '특별하다' '대단하다'는 말이 가장 듣기 싫었으리라. 찬사하는 말 뒤에 숨은 사람들의 편견, 기구한 사연을 좇는 호기심 어린 시선에 맞서려면 '평범하고 무난했다'는 달관이 필요하지 않았을까. 2018년 환갑을 맞은 경순의 두 딸 양육기는 30년 전 대책 없이 집을 나오면서 시작되었다. 장애여성의 인권도 보장되지 않고, 필요한 사회적 제도가 전무했던 시절을 거쳐 이제 노년을 맞은 장애여성의 이야기다. 정작 경순에게는 특별할 것도 없는 보통 인생이지만 말이다.

"내 앞길 찾아서 서울로 떠났지"

강화도에서 태어난 58년생 경순은 샤르코 마리 투스라는 질병으로 장애를 가지고 있다. 샤르코 마리 투스는 의학적으로 유전운동감각신경병(hereditarymotor and sensory neuropathy, HMSN), 즉 유전성 말초 신경병의 하나이다. 이건희 삼성그룹 회장, 이재현 CJ 회장 등도 앓고 있는 이 병은 삼성가 유전 질환으로 대중에게 알려져 있다. 2,500명 중 1명꼴로 발병한다고 하며, 운동신경과 감각신경에 이상이 생겨 손과 발 근육에 힘이 빠지고, 손과 발 모양에 변형이 생긴다. 발병한 사람들마다 장애 정도는 각기 다른데 경순은 어릴 때부터 걷지 못했고 손목이 기역자로 구부러져 있었다.

걷지 못했던 경순은 학교도 못 가고 항상 집에 있었다. 엄마는 자신이 죽으면 큰아들이 경순을 책임져야 한다고 말했다. 집 청소, 밥하기, 빨래하기 등 궂은일을 도맡아 했지만 어느 순간부터 경순은 항상 다른 형제들에게 짐이 될까 걱정했다. 형제들에 대한 나쁜 기억은 없지만 여동생의 장애를 알고 장애가 유전될 것을 걱정한 상대 집안의 반대로 오빠가 파혼당한 기억은 선명하다. 그때 막연히 자신의 장애가 유전되는 것인지 궁금하기도 했다. 몇 년 전 부모님이 돌아가셨다는 소식을 오빠가 바로 알려주지 않아 뒤늦게 알게 됐을 때는 분하기도 했다. 장애가 있는 형제를 이렇게 무시하는구나 싶어 화가 치밀었다. 장례식장에 두 딸을 잘 차려 입혀 보냈다. 그러고는 기죽지 말고 장례식장을 활개치고 다니라고 일렀다.

"휠체어도 없고, 시골이고, 몸이 이러니까 학교에 보낼 생각도 안 하고. 엄마하고 있다가 나 죽을 때 따라 죽자는 식으로 말하고…… 친구들은 멀쩡하니까 다들 밖으로 나가지. 나는 그냥 혼자…… 거기는 시골이라서 멀쩡한 친구들이랑 어울리지, 나하고는 안 어울리지. (친구는) 없었어요. 애들은 고등학교 졸업하고 다 밖으로 나가죠. (난) 집에만 있으니까…… (그런데) 나도 나이 먹으니까 내 생활이 있잖아요. 부모님 돌아가시면 난 누굴 믿고 살아? 서른 살인가 스물여덟 살인가 서울에 나왔어요. 기독교방송에서 〈찬양의 꽃다발〉인가 보고 장애인들 생활하는 데가 있다고 해서."

서울 가면 장애인끼리도 잘 사는 곳이 있다는 텔레비전 프로그램을 보고 무작정 단체에 전화한 뒤 상경했다. 학교에 다니지도 않았고, 강화도 고향 문밖을 벗어나본 적도 없던 경순은 겪은 적 없는 세상과 두렵지만 대면하기로 했다. 더 이상 가족에게 짐이 되기 싫었고, 대책 없는 미래를 한탄만 하고 있기도 싫었다. 서른을 앞둔 시기였다.

처음 머물렀던 곳은 서울 마천동에 있는 교회에 속한 단체였다. 비장애여성 두 명과 같이 살았던 집은 화장실도 재래식이라 불편했다. 경순이 월세를 내는 대신 함께 살며 자신을 돌봐준다던 두 사람은 전혀 경순을 살피지 않았다. 사실을 알게 된 어머니가 상경해 방을 뺐다. 광화문에서 우연히 만난 고향 사람을 통해 광명 사랑의집을 알게 되었고, 경순은 거기에 머무르게 되었다. 종이컵 공장에 딸린 두 칸 살림방에 남자 세 명이 한방을 쓰고, 다른 방에 경순이 살았다.

그곳에서 7, 8년 동안 일하는 사람들의 밥을 해주며 살았다. 공동생활이라 자유롭지 못했고, 밥 짓는 노동에 대한 대가도 없었지만 경순에게 그리 나쁜 기억은 아니다. 집에서 늘 엄마와 하는 일이었기에 밥하고 살림하는 일은 익숙했고, 자신 있었다. 경순이 지은 밥을 공장 사람들 모두가 맛있다고 칭찬했다. 월급 한 푼 받지 못하며 수년을 일했지만 분노할 생각은 하지 못했다. 지금도 그렇지만 장애인의 노동이 인정받지 못하던 시절이었다. 그러나 경순이 자기 몫을 한 첫 사회생활이었다.

"그렇게 결혼하고 아이 낳고 했지"

그리고 1년 후 종이컵 공장에서 일하던 장애남성과 같이 살게 되었다. 좋지도 싫지도 않고, 그냥 옆에서 일하는 사람쯤으로 여겼던 사람이지만 나를 좋다고 놓아주지 않으니, 도망갈 수 없어서 같이 살게 되었다. 여러 연애를 하며 마음에 드는 이를 선택해볼 생각은 하지 못하던 때였다. 결혼은 집을 떠나야겠다고 결정한 이후 경순이 두 번째로 한 인생의 결정이었다. 선택도 강제도 아니었던 결혼. 경순은 자신의 결혼 생활을 설명할 적당한 언어를 찾지 못했다. 그러나 지금처럼 휠체어를 타고 돌아다닐 수 있는 세상이면 절대로 남편과 계속 살진 않았을 거라고 소리친다.

"이 아저씨(남편)가 내가 좋았는지 같이 살자고 하네. 한 1년 만에? 우리 아저씨가 좋다고 나를 꼬신 거예요. 그 공장 의 책임자 집사님이 공장에 조그만 방 하나 얻어줘서 (살았 고). 나중에 돈 벌어서 500만 원짜리 집을 얻어서 살고. 그렇 게…… 그렇게 살다가 애 태어나고…… (마음에 드셨어요?) 마 음에 든 게 아니라 도망을 못 가니까 잡혀서 산 거지. 지금만 같으면 같이 안 살지. 그때는 길도 안 좋고 나갈 수가 없으니 까. 혹이 둘(아이 둘)이 있으니까 이러지도 못하고 저러지도 못하고 산 거죠. 애들은 똘망똘망했는데, 고아원에 가서 버 리자고 하고 그것도(남편도) 미친놈이지."

남편은 아이들이 초등학교 3학년 때 사망했다. 두 딸의 아버지에 대해서 말하는 것에 경순은 신중했다. 남편과의 관 계는 특별히 어렵진 않았지만, 술 마시고 부리는 주사 때문 에 힘들었다고 한다. 술에 취하면 남편은 장애가 있는 아이 들을 고아원에 보내버린다고 했다. 그럴 때마다 경순은 "아 이는 나 혼자 나았나? 지가 만들어놓고 왜 지랄이냐?"고 받 아쳤다. 평소에는 아이들에게 좋은 사람이었다고 말하지만, 양육자로서 남편은 빵점이었다고 말한다. 그때는 아무도 가 정 폭력이라고 말하지 않았던 남편의 주사, 폭언, 경제적 무 능. 그는 지금 같으면 결혼하지 않고 혼자 돌아다니면서 다 른 세상을 살고 싶다고 말한다.

두 딸의 장애를 받아들이다

경순은 어릴 적부터 동네 사람들에게 부잣집에 가서 애나 낳아주라는 말을 많이 들었다. 노동을 하거나 독립하기 어려우니 부모 짐도 덜 겸 그렇게 출가하라는 것이었다. 그런 경순에게 한꺼번에 아이가 둘이나 생겼다. 손가락 열 개, 발가락 열 개 다 붙어 있는 아이가 태어났다. 쌍둥이가 흔치 않던 시대에 경사났다고 축하 인사와 선물을 받았고 동네는 떠들썩했다. 멀쩡했던 두 아이가 걸음이 더디다는 것을 알게 된 건 한 살이 될 무렵이었다. 샤르코 마리 투스. 그녀가 이름조차 생소한 그 병명을 알게 된 것은 두 딸이 걷지 못하는 것을 알고 큰 병원을 다니면서부터다. 서른셋에 쌍둥이를 출산하면서, 비로소 알게 된 자신의 병명이다. 그냥 소아마비인 줄 알고 병원 한번 안 가보고 살아온 경순이었다. 그러나 이제부턴 달랐다. 자신의 병이 딸들에게도 유전된 것인지 알아보기 위해 애를 썼다.

처음엔 자식에게 장애가 있을 것이라는 것은 한 번도 상상해보지 않았기에 장애가 있는 쌍둥이를 어떻게 키우나 더럭 겁부터 났다. 돌이 되기 전 '멀쩡'했던 아이들의 몸이 잊히지 않는데…… 그런데 어느 날부턴가 키워놓으면 또 어떻게든 지들끼리 살겠지 하고 생각하게 되었다. 그렇게 경순은 두 딸의 장애를 받아들이게 되었다. 아마도 같은 장애로 수십 년을 살아온 사람만이 가질 수 있는 확신이 아니었을까.

살아가는 방법을 이미 몸으로 알기에 자식에게 알려주면 되겠지 하고 생각했을 거다.

"두 살까지는 손도 멀쩡하고 (성장이) 빨랐어요. 우리 올케가 목욕시켜놓고 그러면 빨딱빨딱 서. 그래서 백일도 안 돼 걷겠다고. 근데 돌 때도 못 걸어요. 병원에 갔더니 다리에 힘이 부족하다고. 이상 있다고. 그래서 국립재활원, 신촌 세브란스, 영동 세브란스인가 거기도 가고. 많이 다녔는데 얘가 조그마니까 손쓸 수가 없잖아요. 두 딸은 삐뚤삐뚤 보조기 차고 다녔어요."

병원 치료는 계속 이어졌다. 아이들이 대여섯 살쯤 되던 해, 신촌 세브란스 병원에서 다시 검사를 했다. 병원에서 경순의 발뒤꿈치 피로 약을 만들어 먹이면 낫는다고 해서 시술에 동의했다. 발에서 선지 같은 피가 뚝뚝 떨어지는 것을 보며 하늘이 노래졌다. 그 시술이 검사가 목적이었는지 치료제 개발이 목적이었는지 경순은 아직도 정확한 사실 관계를 알지 못한다. 그때 직계 가족들도 모두 검사를 받았다. 딸들에게 나타난 병이 유전인지 알기 위해서였는데, 병원에서는 유전은 아니라고 말했던 것으로 경순은 기억한다. 그 당시 의료 체계는 경순에게 친절하지 않았고, 오래된 기억은 흐릿하다. 하지만 유전 여부와 치료 가능성을 확인하는 일은 절실한 문제였다. 경순에겐 제대로 이해하기 어려운 과정이긴 했지만 유전 여부를 확인하는 검사와 실험은 계속됐다. 힘들고 긴 과정에서 그녀가 듣고 싶었던 말은 샤르코 마리 투스가 유전되는 장애는 아니라는 말이었을까? 유전이지만 치료할 수 있다는 말이었을까? 지금에서야 샤르코 마리 투스는 돌연변이에 의한 유전성 질환으로 세대를 걸쳐 유전된다고 알려져 있지만, 경순은 그 옛날 병원에서 유전은 아니라고 한 말을 기억한다. 자신과 같은 장애를 가졌지만 유전은 아니라는 말을 들었다면 조금 안도가 되었을까?

　샤르코 마리 투스는 세대를 걸쳐 유전되는 질병이다. 유전이 아니라는 병원의 말은 경순의 기억 오류인 것일까? 유전되는 질병이라는 것을 인정하고 싶지 않아서 그렇게 기억하고 있는지도 모른다. 25년이 지난 지금도 여전히 그때 그 담당의에게 진료를 받는다. 검사한다고 피를 뽑아 외국에도 보내고, MRI도 찍고, 좋은 약이 나왔다고 하면 복용하기도 한다. 경순은 그 약이 근육이 조금 좋아지는 것 같은 효과 말고는 딱히 좋은 건 없다고 못마땅해한다. 의사에게 그렇게 연구를 했으면서 좋은 결과는 언제 나오냐며 따져보기도 했단다. 비록 약도 제대로 챙겨 먹지 않지만, 의사가 부르면 가는 것을 보면 언젠가 치료제가 개발되지 않을까 하는 기대를 버리진 못한 듯했다. 사실 희귀 질환을 가진 빈곤한 환자들은 의료적 실험에 더 많이 노출될 수밖에 없는 것도 문제다. 검색창에 '샤르코 마리 투스'를 검색하면 '돌연변이' '유전'이란 단어와 함께 '치료' '치료제 개발'이란 단어가 동시에 나온다. 장애와 살아가는 방법보다는 치료라는 신기루를 쫓도록 하는 것도 폭력이다.

"이 손으로 내가 다 키웠어!"

"(자식이) 똑똑하면 뭐해? 부모가 다 키워줘야지. 내가 다 키웠어요. 3학년 2학기 때 아빠 죽고. (장애가 있는 자신의 손을 보이며) 이 손 가지고 머리 다 묶어주고 잘 키웠어요. 목욕탕에 들어가서 다 씻기고, 하루 종일 먹고 애들 키우고 집안일 하면 (하루가) 끝이야. 씽크대 이렇게 낮게 고치기 전에도 내가 다했어요. 내가 초등학교 3학년 2학기까지 학교를 출퇴근 시켰어요. 학교에서 '엄마 화장실 가고 싶다'고 하면 중간에 가서 데려오고. 아침에 일어나서 애들 준비시키고 8시쯤 돼서 출발하면, 거리상은 얼마 안 되는데 걸어가니까. 다녀오면 9시쯤 되지. 하나는 태우고 (하나는 걷고) 양쪽 잡고 걸어갔지. 애들이 힘들다 그러면 걸어가다 휠체어에 태우고 그렇게 가다가 또 휠체에서 내리게 해 그냥 걷게 했어요. 그러니까 시간이 걸리지."

쌍둥이를 키운 경험을 이야기할 땐 어느 때보다 목소리가 커진다. 딴 건 못해도 청소하고, 반찬 만들고, 살림은 자신 있다. 누구보다 깨끗이 입히고, 묵은 때 없이 집 치우고, 제대로 음식을 해 먹였다. 남의 손 안 빌리고 자기 손으로 해 먹이고 키웠던 기억은 그에겐 자부심이다. 아이들을 가르쳐야 한다는 생각은 확고했다. 어쩌면 경순은 이때부터 자신과 같은 몸을 가진 딸들이 자신과는 다르게 살아갈 인생을 어렴풋이 그렸는지 모른다. 자기 아니면 애들은 아무것도 못한다면서도, 틈틈이 "애들이 똑똑하니까. 대학도 가고 잘했으니까. 졸업하고 바로 취직했다고 남들이 부러워하고"를 반복해서 말한다. 똑똑한 것 같아 특수학교에 안 보내고 일반 학교에 보냈다고 말한다. 딸들은 잘 자라주었다. 전교생이 모인 조회 시간에 교장 선생님 앞에서 〈꿍따리 샤바라〉에 맞춰 춤을 추고, 보는 사람들마다 "안녕하세요" 인사도 잘했다. 동네 아주머니가 학교에서 업고 오기도 하고, 같은 반 친구들이 데려다주기도 했던 등하굣길. 경순은 딸들의 친구들이 올 때면 밥솥째 빼서 밥을 주고, 간식으로 먹일 아이스크림도 잔뜩 사다 놨다. 그래서일까, 아이들은 친구가 많았다.

"내가 다 키웠어!" 경순은 단호하게 말한다. 키우는 과정에서 자신에게 도움을 준 사람은 아무도 없었다. 남편도 죽고, 활동지원사도 없고, 친구도 없었다. 국가로부터 기대할 수 있는 도움도 전혀 없었다. 설사 있었다고 해도 알지 못했다. 어떤 도움도 받지 않았다는 단호함은 '분명히 누군가의 도움을 받아야만 할 것'이란 사람들의 의심에 맞서기 위한 것이다. 혼자서 아이를 키울 수 있는 사람은 없다. 누구든 아이를 키우려면 누군가의 도움이 필요할 수밖에 없다. 그 몫이 여성에게 집중되어 있을 때, 아이의 건강, 교육 등 양육 전반에 대해 여성은 한없이 자신의 역할이 '엄마 노릇'에 미치지 못할까 전전긍긍하게 된다. 경순에겐 장애여성으로서 애초부터 기대하지 않았던 '엄마 노릇'과 사람들이 상상하지 못하는 '장애여성 엄마 노릇'을 동시에 달성해야 하는 과업이 늘 주어졌다. 도달할 수 없는 기준 앞에서 경순이 선택한 길은 그저 먹고, 씻기고, 청소하는 일을 한없이 열심히 하는 것이었다. 장애가 있는 자신의 몸으로 할 수 있는 가장 자신 있는 일이었다. 그 결과는 성공적이었다고 자평한다. 경순의 판단대로 밀고 나간 양육이 결국은 옳았다.

자존심 지키며 아이들과 함께하기

경순과 두 딸을 도와주겠다며 다가왔던 방송국 카메라도 아이들을 온전히 내 힘으로 키워내겠다는 결심을 세우게 한 불쾌한 사건이었다. 지금도 여전히 방영되는 '감동팔이' 모금 방송은 그때도 여전했다. 세 모녀에게도 '병원비를 대준다' '베란다에 수납장을 만들어준다' '온천 여행을 보내주고, 〈웃음을찾는사람들〉 구경을 시켜준다'며 출연 제의가 끊이지 않았다. 방송 때문에 끌려 다니며 검진도 하고 상담도 했다. 촬영은 고달팠다.

"방송 나가는 게 얼마나 자존심이 상하는지…… 안 하고 싶어요. 아무튼 방송은 다 안 하고 싶어요. 자존심 상해. 촬영하는 것부터 내 몸 나오는 것부터 다 싫어. 방송 몇 번 나오고 자존심이 완전히 (상했어)…… 말하는 것도 그렇고 누구에게 감시당하는 것도 그렇고. (내가 찍히는 거 보는 건요?) 그것도 싫어요. 예쁘게 나오는 것도 아니고. 몇 번 나왔어요. 묻지 마요, 창피하고. (내 성격이랑 방송은) 안 맞아요. (어떻게 하시게 된 거에요?) 수술비 때문에…… 말을 잘 못하면 피디가 짜증을 내더라구요. 십 분 나오는데 하루 종일 촬영해요."

　같은 장면을 반복해서 찍으려고 하고 내 몸이 보기 좋게 나오지도 않았다. 연출진들 밥 사주고 음료수도 사줘야 해서 나가야 할 돈도 많았다. 모금 방송으로 유명한 〈사랑의 리퀘스트〉는 딸들이 대여섯 살 때 한 번, 중고등학교 시절 한 번 복지관 추천으로 나갔다. 또 다른 모금 방송은 아이들이 초등학생일 때 촬영했는데, 모금과 함께 솔루션까지 제시해주는 프로그램이었다. 보름이나 촬영을 했고 마지막엔 각 전문가들이 조언을 해주었다. 자동빨래건조대, 리프트, 도배, 초등학교 엘리베이터 설치를 지원했다. 당시 출연료가 있었는데 피디가 "시설물 설치해주니까 (돈은) 안 줘도 괜찮죠"라고 말했다. 방송엔 모금액 1,500만 원이 쌓였다. 솔루션을 통한 시설물 설치와 별도로 후원금을 출연자에게 지급하는 것으로 알고 있었지만, 피디는 다른 설명이 없었다. 경순은 피디가 중간에 후원금을 떼어먹은 것이 분명하다고 짐작한다. 그래서 약속한 혜택을 기대하며 딸들과 자신이 방송에 나오는 것을 더 이상 참지 않기로 했다. 감수해야 하는 것이 너무 많았고, 방송을 믿고 무엇을 하기엔 약속은 매번 제대로 지켜지지 않았다. 촬영할 때마다 상해야 했던 자존심. 사회적으로 낮은 위치에 있는 사람들은 제한된 선택지와 부족한 자원의 기로에서 자존심을 버리도록 강요받는 삶을 산다. 경순

역시 그러했고 결단해야 했다. 자존심을 버리면서 살지 않는 것, 어쩌면 그것은 경순이 딸들에게 줄 수 있는 유산이었으며, 살아가는 방법을 일러주는 길이었을지도 모른다. 경순은 자존심을 지키기로 하고, 방송을 거부하며 더욱 악착같이 딸들을 키우기로 했다. 경순의 인생에서 선택은 이렇게 처절하게 만들어져 갔다.

"낳아놓은 죄로 어쩔 수 없지. 낳아놓은 죄를…… 나도 사람인데, 그래도 해줘야 마음이 편하지. 그렇잖아? 인생이 불쌍하잖아. 애들 고등학교 땐 데리고 가서 외식하고 싶은데, 어딜 가도 사람들이 그러잖아. 엄마도 저런데 애들도 저래 쯧쯧…… 그래서 난 애들하고 항상 떨어져서 다녔으니까. 항상. 자기네들은 엄마랑 다니는 게 소원인데. 그런 게 있었어. 내가 멀리했어. 사람들이 쯧쯧거려가지고 색안경 쓰고 보니까"

방송 출연을 멈췄지만, 여전히 장애가 있는 세 모녀의 일상은 실시간 전시 중이었다. 줏대 있는 경순이지만 자신의 장애로 딸들이 힘들어하거나, 이로 인해 위축될까봐 늘 노심초사한다. 세 모녀가 전동 스쿠터에 올라타 이동할 때면 사람들이 어떤 시선을 보내는지 느껴졌다. 쌩 하며 사람들의 눈길을 지나쳤지만 가슴에 맺히는 장면들이다. 남에게 손 안 빌리고 세 모녀가 서로를 보조하며 식사하고, 씻고, 외출 준비를 한다는 것을 일일이 설명하는 것도 구차하다. 딸들도 모두 휠체어를 이용하기 시작했을 땐 딸들과 거리를 두며 갔다. 어릴 적 딸들은 엄마와 외식해보는 것이 소원이었지만, 경순의 심정을 딸들에게 일일이 설명하진 않았다.

전형화는 소수자의 삶을 차별하는 손쉬운 방법이다. 치료, 극복, 불행, 불편 등의 부정적 서사는 장애가 있는 사람들을 바라보는 사회적 혐오와 차별로 구성된다. 많은 장애인들은 자신이 비장애인과 다를 바 없이 평범하게 살고 있다고 생각해주기를 바란다. 물론 평범하게 살고 싶다는 것은 비장애인과 완전히 똑같은 삶을 산다는 뜻은 아니다. 하지만 생의 과정에서 겪는 감정, 관계의 역동, 실패와 성공, 변화들을 겪어내면서 사는 것은 누구나 비슷하다. 그 보편성과 장애라는 고유성 사이에 일어나는 복합적인 삶의 모습을 설명하며, 세상에 목소리를 내는 것이 경순은 쉽지 않았다. 세상을 비판하는 장애인운동은 경순에겐 먼 일이었고, 접해본 경험도 없었다. 그래서 누가 뭐래도 아이들이 기죽지 않도록 당당하게 키워내야 했다. 더 고집 있게 양육에 전념했던 이유다.

방 안에서 터득한 세상의 이치

딸들이 독립하기 전에는 활동지원사 세 명이 동시에 집에 머무르지 않도록 조절했다. 활동지원사들이 한마디씩 거들며 살림 원칙을 존중해주지 않으면 스트레스를 받았다. 한명의 외부인이 집에 들어오는 것도 긴장 상태가 되는데, 세 명의 외부인이 동시에 오는 일은 최소화하고 싶었다. 독립해서 사는 둘째 집에 수시로 가서 먹거리도 챙기고 활동지원사와의 소통 방식도 일러주었다. 딸들은 자기가 알아서 한다지만 활동지원사와 관계 맺는 것을 볼 때면 마음에 차지 않았다. 자존심과 주도권을 지키는 것, 남의 손을 빌려 사는 사람은 그래야 한다는 게 경순의 원칙이다. 떳떳하게 자기 주장을 할 수 있도록 가르쳐야 한다는 거다. 어떤 활동지원사는 세 모녀가 함께 있는 것을 보고 가르치려 들기도 했다. 자기 새끼나 잘 가르치지 감 놔라 배 놔라 했던 일은 더욱 큰 무시의 기억으로 남는다.

"그러니까 억울하지, 내 대에서 끝나면 대충하는데…… 자식이 또 그 설움을 받고 살아야 하니까. 그래서 우리 애들한테 하는 말이 바보처럼 저거하지 말고 누가 말하면 댐비라고, 아직 댐비는 건 못 봤는데, 지하철 타거나 그럴 때 과감하게 자기 표현을 해야지. 이리 가랜다고 이리 가, 그럼 안 돼죠. 어른들이 뭐라고 하면 너도 따지고 그러라고. 난 그렇게 가르쳐요. 세상 살려면 어떻게 할 수 없어. 그래야 이 험한 세상 살아가지. 애기들이 인제 활보를 쓰고 살아야 하니까. 그게 걱정스러운 거야."

경순은 딸들이 인권 어쩌고 하는데 그건 잘 모르겠다고 한다. 대신 그만의 철칙이 있다. 활동지원사의 지원을 받아야 하지만, 비굴해지지 않을 것. 자신이 원하는 것을 딱딱 정확하게 말하는 것, 언제든 활동지원사를 바꿀 수 있어야 한다는 것. 그렇게 해야 무시 안 당하면서 살 수 있다는 거다. 그렇다고 융통성이 전혀 없는 막힌 사람은 아니다. 시간 계산이 정확한 경순은 활동보조 시간을 딱딱 지켜서 일을 요청하는 대신 믿을 만하고 자신을 존중해주면 매실액도 담가주기도 하며 이런저런 선물도 한다.

"내가 방 안에서 약아진 거지. 사회생활은 안 해봤으니까. 사람들 상대하면 수줍어서 말도 못하고…… 방 안에서 약아지지, 사람들 상대하니까. 이렇게 나를 만들었네요. 어떤 사람은 월급 적은데 일한다면서 자기를 보고 얼마나 천사라고 하는지…… 어떤 사람은 자기 집 두 채나 있는데 취미로 이 일 한다고 하고. 막말로 먹고살려고 하는 일인데, 누가 뭐라고 하나? 그런 말을 쓸데없이 왜 해? 장애인이라고 동정하고 자랑하나? 나 역시 (그런 사람한텐) 안 지지."

집에서 기어서 생활하는 그에게 사람들은 한마디라도 더 가르치려 했고 간섭하려 했고, 도와주려 했다. 그런 사람들의 속내쯤 이미 다 파악했다고 경순은 자신한다. 방 안에 있어서 아무것도 모를 줄 알지만 경순은 방 안에서 온갖 사람들 다 상대해봤다고 말한다. 방 안에서 사람 상대하는 것이 사회에서 사람들 사는 것과 다르지 않다고 말한다. 방 안을 찾아오는 누구에게도 지고 싶지 않았다. 진다는 것은 딸들을 키울 수 있는 힘을 잃는 것이었을 테고, 자신을 지탱하는 원칙을 잃는 것이었다. 늘 보이지 않는 대상과 싸워야 했던 삶은 고단했지만 그러면서 성장했다. 학교나 직장에 가지 않고도 방에 앉아 인간 군상 다 보았다는 통찰은 놀랍다. 집/시설에만 있거나 사회 경험이 적은 장애인이 무얼 알겠냐고 얕잡는 사람들이 모르는 다른 감각과 감수성으로 경순은 세상을 비판적으로 바라보고 살아갈 방법을 터득해나갔다. 일반적인 사회의 지식 계보에는 적히지 않았지만, 활동보조를 받으며 샤르코 마리 투스로 인한 장애를 가지고 살아가는 방법만큼은 이제 누구를 만나더라도 자신 있게 가르칠 수 있게 되었다.

"나는 그래도 해냈잖아. 자랑스럽지, 그뿐이에요"

딸들은 자상한 말 한마디 안 해주고 격려도 하지 않는 엄마가 세상을 너무 모른다고 한다. 엄마가 사회생활을 하고 사람들을 만났으면 좋겠다는 딸들의 바람과 달리 경순은 밖에 나가는 게 어색하고 힘들다. 새롭게 배워야 할 게 많다고 하지만, 이미 그는 살아가기 위해 필요한 건 대부분 알고 있다고 생각한다. 지금의 삶에 만족하며 자존심 지키고, 주도권을 놓치지 않으며 해낸 양육이 자랑스럽다.

그녀의 손은 대부분 밥 짓고, 청소하는 데 쓰였지만, 이제 두 딸은 컴퓨터로 글을 쓰고, 기획을 하며 늦게까지 야근을 한다. 같은 몸으로 다른 삶을 사는 딸들을 모습을 지켜보는 건 어떤 심정일까? 자존심을 지키기 어려운 삶에서 같은 장애를 가지고 대를 이어 사는 사람들의 삶에 대해서 이 사회는 얼마나 알고 있을까? 자신과 같은 유전자를 가진 딸이 태어났고, 같은 모양의 구부러진 손으로 밥을 먹고 있는 모습에서 그녀가 느끼는 감정은 무엇일까? 자세히 듣고 싶지만 경순은 쉽사리, 술술, 자기 삶을 풀어내기 어렵다. 의미화할 수 있는 언어를, 말할 수 있는 자리를, 지지하며 세상에 목소리를 같이 낼 동료를 만들기 어려운 시대를 살아온 경순은 남 앞에 서면 말수가 적어진다.

다음 세대를 살아갈 사람들의 모습에 대해서 상상해본 적이 있는가. 나의 상상 속 미래의 그들은 어떤 몸과 얼굴을 하고 어떠한 방식으로 살아가고 있는가. 나와 비슷한 모습을 했거나 전혀 다른 모습일 수도 있다. 많은 사람들은 다음 세대는 현재보단 나은 역량을 가진 사람들이 등장하길 바란다. 미래는 현재보다 발전해야 하기 때문에 건강한 나라는 중요한 목표가 되어왔고, 국가의 인구, 복지 정책은 언제나 정상적인 국민과 건강한 가족 유지에 집중돼왔다. 건강한 다음 세대를 알맞은 숫자로 낳아야 한다는 목표는 인구 정책으로, 여성의 재생산권을 통제하는 방식으로 이어졌다. 목덜미투명대 검사, 성별 검사, 기형아 검사, 양수 검사와 같은 각종 산전 검사는 장애인과 여성이 태어날 가능성을 낮추는 데 의학이 활용된 것이다. 안녕하지 못한 다음 세대가 태어날 거라는 불안감은 모자보건법 14조로 장애인의 재생산 권리를 합법적으로 통제했다.

장애여성 양육 서사는 위험에 빠지기 쉽다. 장애여성임에도 불구하고 정상적인 아이를 낳아 키웠거나, 장애를 그대로 물려받아 힘든 삶이 대물림된다거나, 장애를 가졌지만 평범하고 밝게 살아간다거나. 이런 극복과 감동 서사를 벗어나기 힘들다. 같은 장애를 가진 사람들이 세대를 걸쳐 삶의 방식을 이어가면서도 해당 시대의 사회 문화와 관계를 맺고 역동적으로 변해가는 모습을 상상해본 적이 있는가. 오랫동안 우리는 다음 세대를 살아가는 주체로서 장애를 가진 사람들의 이야기를 기대해오지 않았다. 다음 세대의 한 구성원으로서 장애인을 그리지 못하는 것은 지금 세대에 장애인이 평등한 시민으로서 살아가지 못한다는 증거이기도 하다.

마지막으로 경순은 힘주어 말한다. "혼자선 되게 약해요. 사람이 있으니까 이렇게 강하게 나갔지"라며 자신을 지탱하는 딸들을 간접적으로 언급한다. 장애가 유전된다는 걸 발견하면, 불행의 대물림만을 우려한다. 그러나 경순과 딸들이 서로 의존하며 만든 연대는 샤르코 마리 투스로 인한 장애를 가지고도 살아가는 방식과 지혜로 이어졌다. 우리는 세 모녀 덕에 의학 서적에 나오지 않는 지식과 삶의 방식을 얻게 되었다. 불행이 아닌 질병과 장애가 있는 몸으로 서로를 지원하며, 자존심을 잃지 않고 살아가는 원칙을 경순은 대물림해주었다. 자랑스러워할 만하다. 그녀가 버텼던 시간과 세웠던 원칙들을 세상이 기억해야 하는 이유다.

나는 남의 손이 필요합니다

글: 김상희

나는 뇌성마비 장애를 가지고 태어나 전국을 누비며 온갖 치료사들을 만나며 어린 시절을 보냈다. 그러나 '치료'의 효과는 없었고, 아픈 그대로 나이를 먹으며 키도 커지고, 몸무게도 늘어났다. 몸이 자라면서 나는 점점 집안의 골칫거리가되었다. 내가 화장실에 가겠다고 하면 짜증내는 언니들이 한명, 두 명 늘어갔다. 씻겨달라고 하면 귀찮다고, 다음에 씻으라는 말을 자주 듣게 되었다. 엄마는 바지 지퍼 채우는 것도일이라며 내 지퍼 달린 바지를 모조리 고무줄 바지로 수선해서 입혔다.

머리도 길러본 적이 없다. 머리카락이 길면 감겨주는 것도 힘들고 관리해주기도 어렵기 때문이라고 했다. 무조건 짧은 머리 모양을 해야만 했다. 하지만 나는 머리를 기르고 싶었기 때문에 내 머리를 자르는 날엔 집이 전쟁터가 되었다.

그렇게 나는 내 몸이 내 것이 아닌 것처럼 자랐다. 생리할 나이가 되자 엄마와 언니들이 귓속말하는 일들이 많아졌다. 그러나 그 귓속말은 내게 너무나도 선명하게 들렸다. "어차피 결혼도 못할 거 수술시켜버리자" "나는 쟤 생리하면 도망갈래" 같은 말들이 너무나 또렷이 들려서 혹시 가족들은 내가 스스로 수술을 하겠다고 나서길 바랐던 것이 아니었을까 하는 의심마저 들게 했다.

차라리 자라지 말걸

나의 장애는 변화가 많았다. 유아기 때는 머리를 혼자 못 가눌 정도로 장애가 굉장히 심했다. 치료를 점차적으로 받게 되면서 장애가 호전되기도 했다. 혼자 바닥을 기어다닐 수도 있었으며, 옆에서 부축해주면 보행도 가능했다. 그런 와중에 일곱 살 때 물리치료를 받다가 잘 서지 못한다는 이유로 뺨을 맞게 되었고, 그때 목뼈에 금이 갔다. 장시간 상반신 깁스를 하고 있었는데도 뼈가 제대로 붙지 않았다. 그 일이 있고 나서 몇 년이 지난 후 서서히 온몸에 마비가 오는 느낌이 오면서 힘이 빠져나갔다. 그러면서 점점 하지 못하는 것들이 많아지기 시작했다.

그리고 열네 살 때부터 급속도로 상태가 안 좋아지면서 신체 기능들이 멈춰갔다. 결국 눕혀놓으면 그 상태로 '얼음'

이 돼버리는 지경에 이르렀다. 혼자 움직일 수 있는 건 오로지 오른손뿐이었다. 일찍 잠들기 싫은 날에는 균형을 잘 잡아서 겨우 앉아 혼자 컴퓨터를 하다가, 자고 싶으면 뒤로 '벌러덩' 누워서 잤다. 그렇게 누워버리면 다음 날 아침에 누군가 올 때까지 계속 누워 있어야 했다.

그렇게 나는 열네 살 이후부터 남의 손이 많이 필요한 중증 장애인이 되었다. 언니 두 명이 붙어야 겨우 나를 안고 화장실에 데리고 갈 수 있게 된 것이다. 화장실 문턱이 5센티미터가 넘는 집에서 나를 안아 옮기는 일은 무척 힘들기에 소변은 방에서 요강으로 처리하게 했다. 대변은 언니들이 퇴근해서 올 때까지 참아야 했다. 그땐 그러한 일상이 너무나 자연스럽고 당연했기에 오래 살아 있는 나 자신이 원망스러웠다. 사실 이제야 드는 생각이지만 집 구조만 조금 바꿨어도 내가 덜 비참하게 살았을지도 모른다. 그랬다면 자라는 내 몸뚱이를 저주하는 일도 없었을지 모른다. 어렸을 때부터 계속되어온 내 몸에 대한 부정적인 인식은 지금도 여전히 가지고 있다.

가족은 내가 집에서 조용히 지내는 것을 원했다. 학교 다니는 것도 가족이 원치 않아서 중학교 1학년 2학기 겨울방학을 끝으로 내 공부는 중단되었다. 학교를 그만두자 나는 외출할 이유도 사라져버렸다. 우리 집은 계단만 있는 3층 주택이라서 누군가 나를 안거나 업지 않고서는 나갈 수가 없었다. 집에만 갇혀 있게 되면서 나의 일상은 온종일 누워서 TV를 보거나 가끔 언니들이 읽던 소설책을 훔쳐보는 것이 다였다.

대안 독립 만세!

집에 갇힌 채 의미 없는 시간을 보내며 살다 어느 순간 모든 게 죽어버린 느낌의 날들이 지겨워졌다. 열아홉 살이 되자 문득 이렇게 살면 안 될 것 같다는 생각이 들었다. 공부를 해야겠다고 결심했다. 컴퓨터 한 대만 사달라고 오랜 시간 엄마를 설득했다. 마침내 중고 컴퓨터를 구입하게 되었고 나는 PC통신을 통해 공부를 도와줄 사람들을 찾아냈다. 그분들 덕분에 검정고시를 준비할 수 있었다. 하지만 나를 가르치는 일이 직업이 될 수 없던 그들에게 더 이상 도움을 요청할 수 없는 시기가 찾아왔고 나는 또 다른 길을 찾아야 했다.

그 길은 검정고시 시험장에서 비슷한 장애를 가진 이들이 봉고차를 타고 나와 우르르 내려서 시끌벅적하게 떠들어대던 모습을 보고 발견한 장애인 야학이었다. 봉고차에 쓰여 있는 '장애인 야학'이란 글을 보고 '나도 다닐 수 있을까' 하는 생각을 했는데 여러 가지 어려운 조건이 있었지만 다행히 야학에 다닐 수 있게 되었다. 야학에 다니면서 나는 다시 사회와 연결되었고 조금씩 사회 활동을 할 수 있게 되었다.

2002년 초반부터 한국에 장애인 자립생활(Independent Living) 운동이 시작되었다. 외국에서 건너왔다는 IL이론은 장애인의 문제를 사회적 관점으로 바라보면서 적절한 제도와 지원이 제공된다면 중증 장애인도 지역사회에서 얼마든지 독립적인 삶을 살 수 있다는 것이었다. 이 이론을 접하면서 처음으로 독립에 대한 막연한 꿈을 가지게 되었다.

그때부터 나는 무엇에 홀린 것처럼 집에서 나올 수 있는 방법을 찾기 시작했다. 친한 비장애인 동생과 동거할 계획도 세웠다. 물론 아무런 준비 없이 세웠던 계획은 결국 무산됐고 모든 것이 뜻대로 되진 않는다는 걸 알게 되었다. 그래도 나는 독립을 해야겠다고 결심했다. 마침 장애여성공감 상근 활동가로 출퇴근을 하게 되면서 가족들과 마찰도 점점 심해지던 때였다. 내가 한 번 나갈 때마다 3층 집에서 언니들이 업고 내려오고 다시 업고 올라가야 하기에 나의 외출이 반갑지 않았던 탓이다. 집 구조뿐만 아니라 그 당시 지하철역에는 장애인 편의 시설이 갖춰져 있지 않은 곳이 허다해서 전동휠체어를 타고 이동하는 내겐 그것이 곧 투쟁이었다. 내가 살던 집 근처 지하철역에도 엘리베이터가 없어서 곡예를 하듯 쌩쌩 달리는 차들 틈에서 가파른 언덕길을 넘어 세 정거장이 넘는 거리를 달려서 지하철역을 이용해야만 했다. 왕복 네 시간이 넘는 시간을 길거리에 버리며 나는 목숨을 걸고 이동해야 했다. 그렇게라도 이동을 안 하면 나는 평생 부모님 집에서 벗어나지 못한 채 살다가 언젠가는 장애인 수용 시설로 가야 할 운명이 될 것이라고 생각했다. 목숨을 건 이동이었지만 그 방법이 사회와 내가 이어지는 수단이었고 독립을 할 수 있는 유일한 방법이었기 때문이다.

가족들은 나에 대한 아무런 기대가 없었기에 계단만 있는 3층 집 구조를 바꿀 생각도 하지 않았고 이동 수단이 수월한 곳으로 이사할 생각조차 하지 않았다. 그리고 내가 이동이 불편하니 곧 사회 활동을 스스로 포기할 것이란 생각을 했던 모양이다. 하지만 나는 포기하지 않았다. 틈만 생기면 가족들에게 독립하겠다고 말했다. 그럼에도 활동보조가 전적으로 필요한 나의 장애에 대한 가족의 부정적인 인식은 바뀌지 않았고 결국 나는 함께 활동하던 동료들과 독립 프로젝트를 세우게 되었다.

1단계는 나의 위험천만한 이동 과정을 엄마와 함께 해보는 것이었다. 말로 백 번 들려주는 것보다 몸으로 체험하는 것이 낫다고 하듯이 엄마와 함께 나는 내가 어떻게 이동하고 있는지 동행하며 보여드렸다. 2단계는 중증 장애가 있으면서도 현재 독립해서 잘 살고 있는 언니와 면담하는 것이었다. 이 면담에서 엄마는 사실 다른 걸 찾아내셨다. 면담했던 언니의 장애가 나보다 덜한 부분을 찾아내서 "저 언닌 최소한 이건 혼자 할 수 있지 않냐? 너처럼 언어장애도 없더라"고 말씀하셨다. 마지막 3단계는 가족에게 편지 쓰기였다. 이때 나는 가족에 대한 원망이 가득해 도저히 감동을 줄 만한 문구들이 나오지 않아서 쩔쩔맸던 기억이 있다. 그래서 나의 독립 프로젝트에 동참했던 동료 언니가 편지를 대신 써주었다. 감동할 만한 문구를 마구 넣어서 말이다. 나는 속으로 이 편지 한 장에 흔들릴 가족이 아닐 텐데 하며 별로 기대하지 않았다. 그런데 예상과 다르게 그 편지 한 장으로 나의 독립에 승인이 떨어졌다! 강철 같았던 독립의 반대 장벽이 편지한 장에 무너질 수 있는 게 놀라웠다. 그리고 지금까지도 진짜 편지를 쓴 사람이 누구인지 우리 가족은 모르고 있다. 그렇게 반대의 장벽을 무너뜨리고 나는 대안적인 삶을 실행할 수 있었다.

살면서 처음 들어본 질문들

나는 혼자서 일어나 앉지도 서지도 못한다. 뇌병변 장애로 인해 부분적으로 근육이 뻣뻣하게 경직되는 현상도 일어난다. 그래서 씻는 것부터 화장실 가는 것까지 일상의 모든 부분에서 남의 손이 필요하다.

어느덧 활동보조 서비스를 받으며 생활한 지 15년이 넘어간다. 활동보조 서비스가 시범 사업을 시작할 때부터 받아왔고, 지금까지 나를 거쳐간 활동지원사만 몇 십 명이다. 처음 활동보조 서비스를 받았을 때 그 낯설음이 아직도 기억난다. 활동보조 서비스를 받기 전에는 보조받는 내 몸에 대한 선택권을 가져본 적이 없다. 옷을 갈아입을 때 어떤 팔부터 입어야 편할지 생각해보지 않았고 화장실 갈 때는 보조해주는 사람이 알아서 해주길 기다렸다. 그런데 어느 날 나의 이런 일상이 변하기 시작했다.

활동보조라는 개념 자체가 처음 들어온 시절, 일본에서 활동보조 일을 했고 한국에서 활동보조 코디네이터 일을 시작한 사람에게 활동보조를 받은 적이 있었다. 그분이 있는 기관을 이용하면서 그분에게 화장실 보조를 받게 되었다. 그때 비로소 내가 그동안 얼마나 수동적인 삶을 살았는지 깨달았다. 그분은 내게 많은 질문을 했다. "어떤 순서로 보조를 하면 될까요?" "내가 어떤 위치에 서 있으면 될까요?" "휠체어 발판부터 뺄까요?" 나는 그 질문들에 제대로 답을 할 수 없었다. 한 번도 내게 그런 질문을 하는 사람이 없었기에 내 입장에서 답을 하는 것은 힘든 일이었다. 그날 이후로 나는 보조를 받는 내 몸에 대해 탐구하기 시작했다.

활동보조 영역별 탐구1. 몸을 옮길 때

내 몸이 가장 부담스러울 때는 바로 몸을 옮겨 앉아야 할 때이다. 누군가 내 몸의 무게를 느끼며 힘들어하는 표정을 볼 때마다 나도 모르게 죄책감이 든다. 나를 옮기다가 허리를 삐끗한 사람도 있었고, 육체적으로 무리가 간다고 대놓고 말한 활동지원사도 있었다. 솔직히 몸무게가 많이 나가는 편은 아니지만 키가 크고 팔에 힘이 없어서 상대에게 기대어 지탱할 수 있는 힘이 없다. 전체적으로 몸을 스스로 지탱할 수 없기에 보조를 해주는 상대가 힘을 많이 써야 한다.

몸을 옮기는 과정에서 활동지원사의 신체 조건도 중요하다. 나를 옮길 때 내 머리를 상대방 오른쪽 어깨에 걸치고 블루스 춤을 추듯 허리를 꼭 감싸 안은 채 하나, 둘, 셋을 세며 일으켜 세워야 한다. 이때 활동지원사가 키가 클 경우 어깨에 걸친 내 머리가 키 차이 때문에 목이 뒤로 꺾일 수 있어서 매우 위험한 상황에 처해진 적도 있다. 그래서 나는 나와 키가 비슷하거나 작은 사람을 선호한다. 하지만 활동보조 코디네이터들은 내 키가 크니까 그에 맞춰 키 큰 활동지원사를 주로 연결시키려고 해서 곤란할 때가 많다.

활동보조 영역별 탐구2. 내 몸에 남의 손이 닿을 때

나는 간단한 세수는 물론이고 목욕하는 전 과정에 보조가 필요하다. 나는 목욕할 때 물 온도가 중요하고 샤워 타월은 부드러운 걸로 사용해야 한다. 피부가 약해서 조금만 거친 샤워 타월을 사용해도 피부가 금방 빨갛게 되어버리기 때문이다. 그런데 활동지원사마다 힘의 강도가 달라서 내 피부에 맞는 힘을 찾는 데도 적응하는 시간이 필요하다. 어떤 사람은 너무 약한 강도로 닦아줘서 씻어도 개운하지 않을 때가 많았고, 손에 힘이 센 사람은 너무 세게 닦아서 피부가 빨갛게 되어 따끔거리는 경우도 있었다.

사실 처음 목욕 보조를 받았을 때는 많이 부끄러웠다. 가족이 아닌 남에게 알몸을 보인다는 게 생각보다 힘든 일이었다. 눈을 어디다 둬야 할지 모르겠고 내 몸 구석구석 닿는 손길이 때로는 싫기도 했다. 불편한 감정은 손길 때문만이 아니었다. 내 몸을 보고 평가하는 이들도 있었다. "몸이 남자가 좋아할 만한 몸이야" "피부가 생각보다 좋네" "가슴이 커서 좋겠어" 등 이런 말을 들을 때마다 내 몸이 내 것이 아닌 것처럼 느껴졌다. 그리고 그 평가에 장애는 지워지고 '남성에게 사랑받을 수 있는 몸'만 남아서 그렇게 대상화된 내 몸에 거부감이 들 때도 많았다.

활동보조 영역별 탐구3. 식사 보조를 받을 때

나는 식사를 할 때 보조를 받지 않고 혼자 먹는 것을 선호한다. 식사 보조를 받게 되면 나의 식성과 먹는 속도가 보조하는 분과 합이 잘 맞지 않기 때문이다. 나는 밥에 반찬을 올려 먹는 걸 좋아하지 않는데 보조해주는 분들은 대부분 밥에 반찬을 올려주려 했다. 그리고 숟가락에 담는 양도 사람마다 달라서 어떤 사람은 커피 숟가락만큼 적은 양을 먹여주며 꼭꼭 씹어 먹으라고 잔소리를 하는 분도 있었고 반대로 본인이 먹는 양만큼 숟가락 한가득 떠서 볼이 터질 정도로 음식을 밀어넣는 사람도 있었다. 내가 원하는 방식대로 식사 보조를 받으려면 한 숟가락 뜰 때마다 일일이 내 욕구를 말해야 하는데 그러기엔 식사 시간이 너무 소모적이라는 생각이 들었다. 그래서 몸의 컨디션이 괜찮고 내가 스스로 먹을 수 있는 구조가 갖춰진다면 식사 보조를 되도록 받지 않으려 한다. 식사 보조를 받지 않아야 먹는 즐거움을 느낄 수 있다. 기분 탓인지 남이 먹여주면 허기가 더 빨리 찾아오는 것 같기도 하다.

물론 내가 혼자 먹을 때의 어려움도 많다. 음식을 흘리고 먹을 때도 있고 음식 종류에 따라 혼자 먹지 못하는 경우도 있는데 특히 내가 음식을 흘리고 먹는 모습을 보일 때면 활동지원사들이 인상을 찌푸리며 먹여주겠다고 할 때가 있다. 이럴 경우 나는 기분이 상한다. 먹는 모습이 힘들어 보여서 먹여주겠다는 마음이겠거니 하지만 한편으로는 내가 혼자 먹는 모습이 그렇게 미관상 안 좋은 것인가? 더러워 보이나? 이런 생각도 든다. 그래서 더 꿋꿋하게 숟가락을 잡고 놓지 않는다. 나는 나의 먹는 즐거움을 방해받고 싶지 않고 자유롭게 먹기를 원하기 때문이다.

활동보조 영역별 탐구4. 나의 배설물이 공유될 때

화장실 보조는 중증 장애인에게 가장 민감한 영역이라고 생각한다. 신변 보조 중에서도 활동지원사들이 많이 꺼려하는 영역이다. 처음엔 할 수 있다고 말해놓고도 막상 활동보조 현장에선 불편을 드러내는 경우가 많다. 나 역시 화장실 보조를 받을 때 제일 예민하다. 장애가 가장 원망스러울 때가 이때다. 남에게 나의 배설물까지 보이고 냄새를 맡게 하는 건 유쾌한 일이 아니다. 더구나 나는 용변을 보고 뒤처리까지 활동지원사가 해줘야 하는 상황이라서 부담감이 상당하다. 그래서 이 부담스러운 상황을 모면하려고 화장실에서 나는 말이 많아진다. 사실 소변까지는 괜찮다. 시간이 오래 걸리기 않기 때문에 덜 부담스럽다. 하지만 대변을 볼 때면 극도로 상대의 눈치를 보게 된다. 냄새가 많이 나는 날이면 수치심마저 든다. 혼자서 몸의 균형을 잡기가 힘들어 변기에서 떨어질 위험이 있기에 나가 있으라고 할 수도 없다. 나갔다 오라고 해도 어차피 뒤처리를 맡겨야 해서 상대에게 불쾌감을 주는 건 차이가 없다.

가끔 장애인자립생활센터에 활동보조를 하겠다고 오는 사람들 중에 자신은 비위가 약해서 대소변 보조는 하고 싶지 않다고 말하는 경우가 있다. 본인의 상황에 따라 그럴 수 있다고 생각한다. 그런데 다른 생각도 든다. 정말 비위가 약해서 화장실 보조를 못하겠다고 하는 것일까? 다른 이유는 없는 것일까? 몇 년 전 젊은 활동지원사에게 이런 말을 들은 적이 있다. 어머니가 활동보조 일을 반대하신다며 "네가 뭐가 부족해서 남의 엉덩이를 닦고 있니? 차라리 식당 아르바이트를 해라"고 말씀하셨다고 한다. 굳이 내게 전할 필요가 없는 얘기 같지만 어쨌든 그 말을 듣고 한동안 나는 내가 그토록 보잘것없는 존재인가 하는 생각이 들었다.

한참이 지난 후에 또 다른 생각이 들기도 했다. 의사도 사람 몸을 다루며 때로는 '사회적으로 더럽다고 칭하는 것'들을 만지며 일을 하는데 왜 그들에겐 숭고한 일을 한다고 말하는가? 생사를 다루기 때문인가? 모든 진료 과목이 생사와 직결되지는 않는다. 그럼에도 의사는 아무나 할 수 없는 일을 하는 귀한 사람이고 활동지원사는 아무나 할 수 있는 일을 해서 가치가 떨어지는 사람인가? 그것은 누구의 엉덩이이고, 누구의 배설물인가의 문제에서부터 시작된다고 본다. 환자는 누구나 될 수 있는 보편적인 대상으로 여기고 장애인은 타자화된 대상이자 사회적으로 '쓸모없는 몸'으로 보기에 그들을 보조하는 일은 낮은 위치에 처할 수밖에 없는 것 같다. 그래서 화장실 보조는 가장 밑바닥 일일 수밖에 없다.

마스크 두 장과 비닐장갑 한 장

몇 년 전 나보다 나이 어린 활동지원사를 만난 적이 있다. 그 활동지원사는 성격도 좋았고 말도 잘 통했다. 그런데 그 시기 나는 자주 대변을 봤는데 그 활동지원사는 처음 몇 번은 싫은 내색을 안 하더니 날이 갈수록 표정이 안 좋아졌다. 나 또한 그런 활동지원사를 볼 때면 눈치가 보였다. 그래서 될 수 있으면 그 활동지원사가 아닌 다른 활동지원사가 있을 때 대변을 보려고 했다. 그런데 그게 내 마음대로 되는 것이 아니잖은가. 원망스럽게도 그 활동지원사가 있을 때 대변이 마렵곤 했다. 그 활동지원사는 자기가 위가 안 좋아져서 마스크를 끼고 뒤처리를 하겠다고 했다. 나는 그렇게 하라고 했다. 마음 같아선 그렇게 거북하면 그만두라고 하고 싶었지만 당장 활동지원사를 새로 구할 수 없어서 말하지 못했다. 그 활동지원사는 마스크를 한 장도 아닌 두 장을 착용하고 내 뒤처리를 해주었다. 그리고 결국 얼마 지나지 않아 다음 활동지원사를 구하는 시간도 주지 않고 그만두고 말았다.

또 다른 활동지원사는 걸레를 빨 때 쓰는 고무장갑을 가리키며 "이 장갑 끼고 닦아줘도 되나요?" 하고 물었다. 순간 머리가 멍했다. 내 엉덩이에 걸레를 빤 장갑이 닿는다고 생각하니 끔찍했다. 마음을 가라앉히고 부엌에 있는 비닐장갑을 착용하라고 했다. 최근에는 화장실 보조를 불편해하는 활동지원사를 만나게 되면 활동보조 코디네이터와 빠르게 상의해서 다른 활동지원사로 교체해달라고 요구하고 있다. 가장 기본적인 욕구가 불편해지는 상황을 되도록 길게 겪고 싶지 않기 때문이다. 이 사안은 활동지원사와 대화를 해서 나아질 사안이 아니란 것을 몇몇 활동지원사를 통해 알게 되었다. 불편한 상황은 어느 한쪽이 참는다고 해서 해결되지 않는다는 것을 깨달은 것이다. 물론 활동지원사 교체는 쉽지 않은 일이다. 하지만 나의 일상에서 빠질 수 없는 그들과 조금이라도 편하게 지내려면 불가피한 선택이다. 그런 결단 이후에 요즘에는 화장실 보조를 불편해하는 활동지원사와 있는 날들이 줄어들긴 했지만 활동지원사가 바뀔 때마다 여전히 나는 화장실 보조를 걱정하곤 한다.

베테랑 이용자는 없다

나는 혈연 가족으로부터 독립한 지 13년이 되어가는 베테랑 활동보조 이용자이다. 사실 이 말은 남들이 내게 하는 말이다. 그런데 솔직히 베테랑 활동보조 이용자란 말은 적절하지 않다고 생각한다. 활동지원사가 교체되는 순간 베테랑은 없다. 새로운 활동지원사와 호흡을 맞추는 과정은 활동보조를 처음 받을 때나 지금이나 별반 다르지 않기 때문이다. 활동지원사마다 적응하는 속도도 다르고 성향도 다르므로 활동지원사가 새로 오는 날이면 베테랑 이용자라 불리는 나도 긴장하게 된다.

새로 온 활동지원사가 나를 옮기다가 떨어뜨리면 어쩌나, 그러다가 활동지원사가 다치면 어쩌나 하는 생각이 들 때 나는 가장 긴장한다. 그러면 여러 걱정이 꼬리에 꼬리를 물고 이어지곤 한다. 아무리 똑같은 언어로 똑같이 설명을 해도 받아들이는 이해 정도와 개인의 물리적인 힘의 차이로 항상 다른 상황이 연출되기 때문이다.

참견이 많은 활동지원사가 와서 내 모든 부분을 지적하는 건 아닐지 신경도 쓰인다. "냉장고 상태가 왜 이래요? 다른 활보(활동보조) 샘이 청소 안 해줘요?" "옷은 왜 이렇게 많아요? 옷 그만 사세요." "이런 건 몸에 안 좋아요. 몸도 불편한데 건강에 신경 써야죠." 이런 말들을 늘어놓는 활동지원사를 많이 만났기 때문이다. 관심도 없는 주제로 계속 말을 시켜서 어떻게 대답을 해야 좋을지 난감할 때도 있다. "우리 교회에 와봐요. 외롭게 사는 것보다 하느님한테 의지하는 게 나아요." "우리 딸이 늦게 들어와서 큰일이에요. 아들은 상관없는데 딸이 늦게 들어오는 건 안 되잖아요." 이처럼 일방적으로 종교를 강요하거나 강력한 가부장제 프레임에 동조를 구하는 상황이면 머리가 복잡해진다. 반대 의견을 냈다가 어렵게 구한 활동지원사가 그만두면 어쩌나 하는 생각과 이제부터 피곤해질 앞날이 동시에 훤히 그려지기 때문이다.

그래서 활동지원사가 바뀌는 날이면 언제나 똑같은 생각과 고민을 한다. 새로운 활동지원사가 오는 날은 아침까지 잠을 설칠 때가 많다. 새로 온 활동지원사에 적응할 때까지 매일 아침마다 긴장은 계속된다. 동일한 사람이 없듯이 동일한 활동지원사도 없다. 따라서 베테랑 이용자도 없다.

타인과 밀착형 일상을 보내야 한다는 것

활동보조 서비스가 제도화되기 전에는 사회복지 관련 민간 재단 같은 곳에서 지원금을 받아 시범적으로 서비스를 실행했다. 하루에 두 시간, 많으면 네 시간 정도가 지원되었는데 나 같은 경우에는 시범 사업부터 이용했다. 그래서 오전과 저녁 시간을 두 시간씩 나눠 활동보조를 받았고 나머지 시간은 단체에서 같이 활동하던 비장애 활동가들이 활동보조를 전담해주었다. 그리고 화장실은 하루에 두세 번밖에 가질 않았다. 그 당시에는 소변을 참는 데 익숙했고 화장실 보조를 부탁하는 일이 내게는 가장 큰 어려움이었다.

나이가 들면서 더 이상 참는 게 안 되는 상태가 돼서 화장실을 자주 가야 하는 상황이 오게 되었다. 이제 나는 활동지원사와 긴 시간을 보내게 되었다. 한 사람과 매일, 늘 옆에서 시간을 같이 보내는 것은 쉬운 일이 아니다. 그것은 나의 모든 일상을 공유하는 일이기도 하다. 활동지원사와 성격이 맞고 안 맞고를 떠나서 누군가를 계속 의식하는 것이 불편한 일인 것이다. 불편함은 곳곳에서 불쑥불쑥 나올 때가 많다. 우리 집은 원룸인데 주말 같은 경우에 좁은 방에서 하루 열두 시간 이상을 함께 보내야 할 때, 서로 아무리 신경을 안 쓰려고 해도 신경을 쓸 수밖에 없다. 나는 조용히 있고 싶은데 활동지원사는 적막한 걸 못 견뎌 할 때나 서로 보는 TV 프로그램이 달라서 한쪽이 참아야 할 때 서로 불편해진다.

그리고 사회 활동을 같이할 때나 나의 지인을 만나게 됐을 때, 옆에 있는 활동지원사가 제3자의 시각에서 내 일상을 말할 때가 있다. 나는 원치 않는데 활동지원사 시각에서 내 일상이 얘기되는 것이 불편하다. 내가 무슨 말을 하기도 전에 "상희 씨는 그거 안 좋아해요!" "상희 씨가 아가씨라서 그런 거 싫어해요" "상희 씬 숙녀인데 양보하시죠?" 등의 말을 하는 것이다. 내 정치적 성향을 아랑곳하지 않고 상대방이 들으면 불편해할 이야기를 할 때도 있다. 일상을 오래 공유하면 공유할수록 활동지원사는 나의 감정과 생각도 공유되는 것으로 생각하는 것 같다. 그래서 언제나 활동지원사와의 관계에서 긴장을 놓을 수 없다. 관계의 선을 늘 팽팽하게 해놓지 않으면 안 된다.

혁명적인 제도의 이면

활동보조 서비스가 제도화되면서 장애인의 사회적인 참여가 많아진 것도 사실이다. 이제 더 이상 예전처럼 주변 사람들에게 눈치를 보며 살 필요도 없다. 활동보조 서비스는 중증 장애인의 삶에 혁명적인 제도이다. 그러나 이 제도가 중증 장애인 삶의 전부이고 절대적인 것으로 여겨지는 것은 또 다른 차원의 문제라고 생각한다.

나는 활동보조 서비스가 제도화되고 많은 시간을 활동

지원사와 함께 보내게 되면서 활동지원사 없이 어디든 편히 갈 수 없게 되었다. 활동지원사 없이 장애인 단체 모임에 참여하면 이런 말을 듣게 된다. "활동지원사 어딨어요? 활동지원사와 왜 같이 안 다녀요?" "이거 먹으려면 활동지원사 데리고 와요" 등의 말들이 내 일상을 채우고 있다. 나의 일상이 활동보조 서비스가 전부인 거 같고 제도 안에 삶이 갇힌 것 같다. 어떤 활동도 어떤 관계도 그 사이에 활동보조 서비스가 끼어 있어야 한다. 마치 활동지원사가 내 삶의 중심이 된 것 같다. 나의 장애를 보조해주는 역할을 넘어서 그들이 내 삶의 주인공이 된 것처럼 느껴진다.

나는 20대까지만 해도 화장실을 하루에 두세 번밖에 가지 않았다. 어릴 적부터 남에게 부탁하는 것도 싫어했고, 가족들이 활동을 보조해주는 것을 귀찮게 여겨서 눈치가 보였기 때문이다. 그렇게 서른 해를 보내자 방광에서 이상 신호가 들리기 시작했다. 소변을 참으면 아랫배가 당기면서 아파왔다. 병원에 가서 약도 지어 먹어봤지만 소용없었다. 다행히 활동보조를 받을 수 있는 시간이 늘어나서 화장실을 조금 더 자주 갈 수 있게 되었지만 지금도 여전히 몸에서 원하는 만큼은 갈 수 없다. 요즘에는 한 사람의 활동지원사가 오랜 시간 활동보조를 하고 있어서 내가 화장실을 자주 갈 경우에 무척 힘들어한다. 그래서 양보할 수 없는 횟수와 시간을 정해놓고 화장실에 가고 있다. 활동지원사가 늘 옆에 있으면서 나의 방광은 조금 편해졌지만 나의 자유로웠던 일상은 불편해졌다. 더 이상 혼자 멀리 있는 극장에 가서 영화를 보지 않으며, 누굴 쉽게 만나지도 않는다. 혼자 있는 시간이 줄어들수록 나의 삶이 점점 제약되고 그럴수록 무기력해지는 것 같다. 누군가와 끊임없이 공유되는 일상은 더 이상 설레지 않기 때문이다.

활동보조 서비스에서 일탈된 몸

활동보조 서비스는 중증 장애인에게 없어서는 안 될 중요한 제도이다. 하지만 조금 더 대안적인 방법은 없을까. 인간의 삶이 각자 다르고 상황에 따라 변하는 것처럼 장애를 가진 사람의 삶도 좀 더 다양해질 수 있으면 좋겠다. 장애를 가진 한 사람이지만 사회적인 관계 속에서 원하는 방식대로 살았으면 한다. 사실 활동보조를 받는 이용자 중에 관계의 중심을 잃고 모든 권한을 활동지원사에게 넘기는 이들도 종종 본다. 활동지원사가 장애인의 일상에 없어선 안 될 존재가 됨에 따라 장애인 이용자는 활동지원사에게 점점 종속되는 것이다. 나는 이런 경우를 주변에서 쉽게 볼 수 있었고, 나또한 그 경계선에서 아슬아슬하게 줄타기를 하고 있다. 어쩌면 활동지원사 교육보다 이용자 교육을 조금 더 촘촘히 해야할 필요가 있지 않을까. 활동보조 제도를 비롯해서 IL 운동의 중요한 기반은 장애인의 자기결정권이지만 한 번도 주체적인 관계를 맺어본 적이 없는 장애인에게 선택권과 결정권이 있다고 한들 그것을 제대로 사용해본 적이 없는 장애인에게는 그저 선언에 불과할 뿐이다.

활동보조 서비스가 중심인 삶이 아니라, 나의 장애가 누군가에게 부담을 주는 것이 아닌 삶을 살아내고 싶다. 오로지 서비스 대상이 아니라 제도화 밖에서도 숨을 쉬는 사람이고 싶다. 언젠가 내 몸이 24시간 활동보조가 필요한 날이 온다고 해도 때로는 활동지원사 없이 친구와 함께 있고 싶다고 말할 수 있는 구조가 되었으면 좋겠다. 그리고 중증 장애인도 사적인 시간이 필요하다는 점을 고민하여 서비스를 다양하게 제공했으면 한다. 중증 장애를 가진 사람의 삶을 단순화시키지 않았으면 한다. 단순화된 삶은 그 자리에 멈춰 있을 수밖에 없다. 나는 늘 생각한다. 중증 장애를 가진 내 몸이 제도에서 일탈되기를 원하며 내가 있는 지점에서 멈춰 있지 않기 위해 튕겨져 나오는 것에 겁내지 않기를.

오늘도 내일도 무대에 오른다

글: 서지원

나는 누구도 준비되지 않은 채 태어난 아이였다. 엄마는 임신했다는 사실도 6개월이 지나서야 알았다고 했다. 임신 사실을 알고 아빠는 너무 기뻐서 가난한 집안 형편에도 엄마에게 먹을 것을 많이 사다주었다. 우리 가족은 가난했지만 열심히 살아갔다. 그러던 어느 날, 나는 아무 예고도 없이 세상에 나오려고 꿈틀대고 있었다. 엄마와 언니가 결혼식에 갈 일이 있어서 버스를 탔는데 마침 산통이 시작되었다. 만약 내가 "나 지금 태어나도 될까?"라고 엄마에게 물어볼 수 있었다면 우리의 상황이 어떻게 변했을지 궁금하다. 안타깝게도 태어나는 타이밍에 대한 선택권은, 부모나 자녀를 고를 수 있는 선택권은 그 누구에게도 주어지지 않는다. 할아버지는 작고 어린 아기를 보기 위해 한겨울에 눈길을 걸어오다가 넘어지시는 바람에 돌아가셨다고 한다. 내 이름을 유언으로 남긴 채. "우리 손녀 이름을 서지원이라고 하거라." 그렇게 나는 '서지원'이 되었다.

나는 그냥 나로 존재하면 안 되는 건가?

아이가 3개월이 되는 어느 날 엄마는 느낌적인 느낌으로 "이 아이를 키우는 것이 쉽지 않겠구나"라고 직감했다고 한다. 그때부터 나는 엄마의 친구가 오면 숨기고 싶은 아이가 되어가고 있었다. 기분이 이상했지만 딱히 할 수 있는 일은 없었다. 그리고 친척이나 사람들에게 엄마는 '장애아를 낳은 죄인' 취급을 받아야 했고 나는 '엄마, 아빠를 힘들게 만들 아이' '버려야 할 존재'로 여겨지기도 했다. 지금도 기억이 생생하다. 외할머니는 엄마에게 "너희가 살려면 시설로 보내라"고 내 앞에서 말씀하셨다. 그래서였는지 나는 외할머니를 싫어했고 불편해했다. 다행히도 부모님은 외할머니의 제안에 반대하셨고 온갖 의료진에게 내 몸을 보여주면서 '기대와 좌절, 절망, 분노'의 과정을 반복했다. 아빠는 내 장애에 대해 "때가 되면 하나님이 기적을 주실 거라" 믿었고 나한테 항상 말씀하셨다. "넌 걷게 될 거야" "네가 너무 예뻐서 남자들이 많을까봐 장애를 주신 거다"라고. 난 정말 내가 너무나 예뻐서 날라리가 될까봐 장애인이 된 거라고 믿기도 했다. 때론 엄마를 원망하기도 했다. "왜 언니가 아니고 나야?" 하지만 참 어리석은 생각이었다. 누구의 잘못도 아닌데. 끝내 아빠의 믿음은 이루어지지 않았고, 기적은 지금까지도 일어나지 않았다. 그렇다면 앞으로는…… 글쎄?

그때의 소원은 제발 '로봇 같은 보조기를 하지 않는 것'이었다. 기도원에 가서 모르는 사람이 날 치료해준다는 목적으로 내 눈을 미친듯이 짓누를 때 나는 '제발 그만 누르세요. 너무 아파요, 제발 그만'이라고 생각하고 또 생각하는 것 말고 할 수 있는 게 없었다. 한번은 로봇 같은 보조기를 하지 않고 휠체어를 타고 학교에 가겠다고 말했다. 그 말에 돌아오는 건 엄마의 매, 같이 죽자는 말, 보조기를 채우고 서 있게 하곤 엄마는 나가버리는 벌이었다. 그날 저녁 아빠가 돌아오고 나서야 나의 벌은 끝이 났다. 난 기절하다시피 잠이 들었는데 새벽쯤 아빠의 기도 소리가 들려왔다. 우는 소리로 "제발 걷게 해달라"는 아빠의 기도를 들으면서 나는 슬프면서도 의아했다. '왜 내 몸을 바꾸고 싶어 할까? 난 그냥 나인데, 언니 몸은 바꾸려 하지 않으면서 왜 내 몸 가지고 엄마, 아빠는 저럴까?' 생각했던 것 같다. 엄마, 아빠는 혼자 밥도 못 먹는 나를 보면서 훈련을 시킨다고 하루 종일 내 앞에 밥을 놓고 먹여주지 않았다. 난 끝끝내 혼자 먹지 못했고 엄마, 아빠 역시 조금씩 나의 몸을 받아들이기 시작했다. 입에 펜을 물고 글씨를 쓸 때, 컴퓨터를 할 때 칭찬했고 더 이상 나를 숨기려고 하지도 않았다. 그러나 언젠가는 걷게 될 거라는 믿음은 버리지 않으셨다.

아마도 부모님은 내가 그저 평범한 삶을 살기를 바라지 않았을까 싶다. 우리 사회에서 '장애인'의 삶은 비관적이고, 불쌍하고, 불편하고, 남들과 다른 힘든 삶이라고 인식되어 있었기 때문에 딸의 '비정상적인' 삶을 견디기 어려웠는지도 모른다. 지금도 기억에 남는 엄마의 말이 있다. "나에게 이런 아이가 태어날지 몰랐는데, 왜 하필 내 아이가……" 하면서 원망을 했던 것 같다. 어쩌면 아빠, 엄마는 그런 힘든 것들을 회피하고 싶어서 교회를 다녔던 건 아닐까? 종교의 힘을 빌려서라도 이 현실에서 벗어나고 싶었던 것 같다.

그래서 언젠가 걷지 못했던 장애 아동이 걷게 된 것을 교회에서 보고 나도 그 아이처럼 '회복되고 극복되길' 바랐던 건 아닐까? 아빠는 딸의 장애가 없어지는 기적을 바라면서 '그분'에게 매달렸고 전도사까지 되면서 "그분의 뜻이 있어서 이런 거"라고 나와 우리 가족을 설득하기도 했다. 정말 묻고 싶었다. 무슨 뜻이 있었냐고. 아마도 아빠 역시 모를 것이다. 그저 단지 그렇게라도 믿고 싶었을 것이다. 만약 그 당시 누군가 나의 장애에 대해 설명을 하며 괜찮다고, 이건 개인의 문제가 아닌 사회의 문제라고 알려줬으면 부모님은 다른 선택을 했을까?

제일 즐거웠던 건 연기 놀이

내가 취학할 시기가 되자 우리 집은 나의 학교 근처로 이사를 할까 말까 의견이 분분했다. 어리고 장애가 있는 나에겐 아무런 권한이 없었고, 엄마와 아빠, 언니의 의견이 대립했다. 엄마의 이유는 딱 하나였다. "지원이 운동시켜야 해." 언니의 의견은 달랐다. "전학하기 싫어, 친구가 없어져." 대립되는 의견으로 엄마와 언니는 이야기를 계속했지만 결국 엄마의 승리로 이사가 결정되고 말았다. 그 덕분에 나는 미칠 듯이 운동을 해야 했다. 휠체어를 타고 이동하면 5분, 10분이면 학교에 도착할 거리를 엄마는 억지로 보조기를 끼고 한두 시간을 걸어서 가게 했다. 학교에 도착하면 3~4교시였다. 도대체 학교에 공부하러 가는 건지 운동하러 가는 건지 알 수 없었다. 학교에 도착하면 기진맥진해서 공부할 힘이 없어 멍하게 있다가 점심시간이 되면 아빠가 와서 점심을 주곤 했다.

그런 어린 시절에 나를 즐겁게 한 건 연기였다. 나는 겉으로는 친구가 많아 보였지만 사실 친구가 없어서 늘 연기 놀이를 하면서 혼자 놀곤 했다. 기쁜 연기, 슬픈 연기, 화난 연기, 핸드백을 메고 다니는 커리어 우먼 연기 등. 이 중 최고는 우는 연기였다. 이런저런 연기를 할 때면 뭔가 내가 진짜 연기자가 된 것처럼 혼신을 다해 연기에 임하게 되면서 기분이 좋아졌다. 우는 연기를 할 때는 진짜 눈물까지 흘리곤 했다. 나에겐 연기 놀이가 제일 재미있는 놀이였다. 핸드백을 메고 집 안을 왔다 갔다 할 땐 내가 정말 멋진 여성이 된 것 같았다. 나는 요즘도 혼자 있을 때면 예행연습처럼 연기를 하곤 한다.

그 누구도 내게 신경 쓸 여유가 없었다

중학교 1학년 때 중간고사를 보러 가던 날, 이 세상에서 제일 날 사랑해주고 누구보다 기적이 일어날 거라 믿었던 아빠가 지병으로 돌아가셨고, 내 삶은 180도 달라졌다. 때마침 다니는 학교가 신림동에 있었는데 지역 주민들이 집값 떨어진다는 이유로 이사를 요구했다. 얼마간 싸웠지만 학교는 결국 지방으로 이사를 가야 했다. 물론 통학할 수도 있었고 다른 학교로 전학을 갈 수도 있었지만 아빠를 잃은 우리 가족은 날 예전처럼 지원하는 것이 불가능해졌다. 어쩔 수 없이 지방으로 이사한 학교를 따라 나 역시 지방에 있는 기숙사에 들어가게 되었다. 엄마는 가장이 되어 돈을 벌어야 했고 그때부터 나의 장애에 대해 체념하는 태도가 되었다. 언니에게도 사춘기가 찾아왔다. 아빠가 돌아가시자 그 누구도 나에게 신경 쓸 여유가 없었다. 이제 나 스스로 나를 챙겨야 했다. 학교에 있는 시간에는 주로 날 좋아했던 남자애들을 이용하며 가방을 챙겼고 지적장애가 있는 남자아이에게 이동을 부탁하기도 했다. "나 도와주면 뭐 사줄게"라고 말하며 다른 아이들의 도움을 받으면서 기숙사 생활을 이어갔다.

시간이 흘러서 고3이 되었고 동기들은 각자 취업이나 대학 진학 등 자신들의 앞날을 준비했지만 중증 장애인인 나는 무엇을 해야 할지 몰라서 불안하고 겁이 났다. 학교 생활보다 기숙사 생활이 더 끔찍이 싫어서 하루 빨리 벗어나고 싶었다. 하지만 막상 학교를 졸업하면 "무엇을 해야 하나, 아니 할 수 있는 일이 있을까?" 고민을 하던 중 우연히 선배 언니를 통해 구족화를 알게 되었다. 입으로 그림을 그리면 돈을 벌 수 있다는 막연한 기대로 배우기 시작했지만 나와 맞지 않아 곧 그만두었다. 때마침 엄마가 하던 가게가 망하게 되면서 나의 학창 시절은 그렇게 허망하게 끝이 났다.

장애여성들이 하는 연극?

학교를 졸업한 나의 삶은 지옥이나 다름없었다. 할 것도 갈 곳도, 먹을 것도 없었다. 화장실도 못 갔고, 할 수 있는 것이 하나도 없었다. 엄마는 가게가 망한 뒤 돈을 벌겠다면서 외국에 나갔고, 언니는 대학교를 중퇴한 뒤 취업을 했다. 난 늘 집에서 혼자 있어야 했고 점점 피폐한 삶을 살아야 했다. 하루 종일 방 안에는 과자와 요강이 있었다. 과자를 입으로 주워 먹고 요강에 소변을 보았다. 방 안 가득 소변 냄새가 진동했다. 내가 냄새인지, 냄새가 나인지 나중엔 구분이 안 될 정도였다.

난 더 이상 그런 삶을 살고 싶지 않았다. 때마침 친구가 교회를 소개해주었고 조금씩 집 밖으로 나가기 시작했다. 그러나 나는 언어장애가 있기 때문에 항상 선교단의 친한 언니가 내 말을 통역해줘야 했다. 나는 교회나 선교단 밖에서 이야기하는 것을 별로 좋아하지 않았다. 목소리도 작고 사람들이 잘 알아듣지 못해서였다. 하지만 적극적인 성격 덕분에 구청에 신청해서 컴퓨터도 배우고, 선교단 소개로 워드 알바도 하면서 하루하루를 지냈다.

선교단에서 내 말을 통역해주는 언니가 어느 날부터 바쁘게 지내기 시작했다. 그래서 뭐하느라 바쁘냐고 물어보니 언니가 연극을 준비하고 있으니 나중에 보러 오라고 했다. 연극을 보러 갔더니 나와 같은 장애여성들이 자신의 이야기를 무대에서 하고 있었다. 토론 형식으로 진행된 연극이었는데, 관객이 극 속으로 들어와 상황을 바꾸어볼 사람을 찾기도 했다. 나는 정말 무대로 올라가고 싶었다. 그때의 그 뜨거운 몸의 열기와 감정은 여전히 생생하다. '나와 같은 고민을 무대에서 하다니……' 나에게는 충격 그 자체였다. 만약 나에게 언어장애가 없었다면 무대에 올라간다고 했을지도 모르겠다.

그 순간 망설여졌다. '내 말을 알아들을까?' 차마 무대로 올라갈 용기를 내지 못했다. 공연을 다 보고 집에 오는 길에 "언니 나도 연극하고 싶어"라고 했더니 언니는 그렇다면

"'춤추는허리' 팀장님한테 연락해볼게"라고 말해줬고 며칠 후 오디션을 보자는 연락이 왔다.

그렇게 기대와 떨림, 설렘과 두려움을 품고 오디션장으로 향했다. 휠체어를 탄 여성분이 날 기다리는 모습이 신선하게 다가왔다. 당연히 비장애인이 팀장일 거라고 생각했기 때문이다. 오디션은 너무도 간단했다. "여기는 장애여성의 인권을 이야기하는 곳인데…… 가입할래요?"란 질문을 받았고 "네"라고 대답한 순간 나의 인생이 또 한 번 달라지고 있었다.

첫 호흡, 첫 느낌, 첫 긴장

그렇게 오디션을 보고 난 후 얼마나 지났을까? '춤추는허리'를 소개해준 언니가 퍼포먼스를 같이 해보지 않겠냐는 제안을 해서 좋다고 했다. 지하철을 타고 산 같은 정립회관 경사로를 지나면 연습 공간이 있었다. 솔직히 그때 퍼포먼스는 잘 기억이 나지 않는다. 다만 나와 다른 몸과 부딪치고, 다른 몸에 대해 이야기를 듣고, 나의 이야기를 하는 작업이 아직은 익숙하지 않았기에 낯설고 신선하고 즐거운 작업이었다. 나에게 비장애인들은 '도움을 주는 사람, 봉사자, 선생님' 이런 이미지일 뿐이었는데. 이곳에선 '봉사자도, 선생님도, 도움을 주는 사람'도 아닌 그냥 나와 춤을 추고 나의 몸을 알고 싶어 하고 자신의 이야기를 하고 공연에 대한 이야기들을 하는 사람들이었다. "어때요? 괜찮아요? 이렇게 한 컷을 만들까요?" 아주 천천히 소통하면서 나의 몸 상태와 나의 언어에 귀를 기울여주었다. 그런 경험을 처음 해보았다. 늘 중증의 신체장애와 언어장애 때문에 배제되고 나중으로 밀리던 나의 삶을 "그동안 힘들었지, 다 말해봐"라고 위로받는 느낌이었다. 뭔가 나의 생각대로 몸을 움직이는 것도 너무 좋고 사람들과 어울려서 이야기를 나누는 것도 좋았다. 교회나 선교단이 아닌 곳으로, 하나의 인격체로 '일'하러 나간다는 것 자체가 행복이었다. 몸이 힘든 것도 모른 채 연습을 했고 파스를 붙이면서 연습을 했다. 그렇게 시간이 흘러 공연이 시작되었고 무척 긴장은 되었지만 연습한 대로 공연이 진행되었다. 엄마는 "우리 지원이가 이렇게 비장애인과 어울려서 무언가를 하다니"라며 공연 내내 우셨다고 한다. 왠지 뿌듯하기도 하고 민망하기도 했다. 사람들 많은 곳에서 엄마는 덩치도 목소리도 크시면서 왜 저러실까 하면서 말이다. 공연을 마치고 나와 함께 몸짓했던 분은 "계속 공연을 하자, 재능을 타고나셨다"고 이야기를 해주었다. 그때부터 진짜 배우가 되고 싶어졌다.

나는 본격적으로 '춤추는허리'에 들어갔다. '춤추는허리' 소속 배우들은 장애도 경험도 생각도 모두 다양했다. 겉으로 보기에는 비장애인처럼 보였지만 보이지 않는 곳에 장애가 있는 사람도 있었고, 비장애인도 있었다. 우리 모두 장애가 있든 없든 여성이란 이유로 차별을 받는 경험들은 비슷해서 내가 가지고 있던 비장애인에 대한 편견 혹은 고정관념이 살짝 깨지기도 했다. 배우들의 끼와 열정도 대단했다. '춤추는허리'는 워크숍을 통해 각자의 경험들을 나누고 그 경험을 바탕으로 대본 작업을 해서 무대에 올린다. 그 작업이 너무 매력적이고 흥미롭게 느껴졌다. 어떤 주제에 대해 자신의 경험을 이야기하면서 울기도 하고 웃기도 하면서 공연을 만들어갔다.

그렇게 연습을 마치면 막차 시간. 나는 전동휠체어 컨트롤기를 입에 물고 운전을 하면서 정립회관 언덕 길을 미친 듯이 달려서 내려왔다. 겨우 막차에 올라타면 또 난관에 부딪혔다. 취객들이 쉽게 말을 건다. "아가씨, 어디 가?" "예쁘게 생겼네, 같이 가줄까?" 시덥잖게 말을 걸어오면 '휴~ 이럴 땐 자는 연기가 최고지' 하면서 자곤 했다. 그렇게 한숨 자고 일어나도 아직 내릴 때가 되지 않았다. 집과 연습 공간이 참 멀었다. 지하철을 타고 내릴 때 문틈 사이로 전동휠체어 앞바퀴가 빠져서 굴러떨어진 적도 있었다. 정신없이 타다보니 벨트도 안 한 것이다. 급히 공익요원이 달려왔다. 그렇게 난리를 쳐가면서도 나는 '춤추는허리'의 매력에서 헤어나오질 못했다.

"내 언어장애가 문제가 될 수도 있구나"

'춤추는허리'에서 활동한 지 7~8년이 되었을 때 나의 상황도 '춤추는허리'의 상황도 바뀌었다. 나는 결혼을 해서 한 아이의 엄마가 되었고 '춤추는허리'의 배우들도 인원 변화 등이 있었다. '춤추는허리'는 늘 새로운 시도와 도전을 해온 곳이었다. 이번에는 어떤 시도를 해볼까 하는 고민 중에 외부 스텝과 배우들이 상근 활동을 하면서 사회적 기업을 만드는 데 도전하기로 했다. 그리고 또 하나의 시도와 도전이 있었다. 바로 언어장애가 있는 중증 장애여성이 팀장을 욕심내는 것이었다. 사실 떨리기는 했지만 "팀장이 별거 있겠어, 내 성격이면 잘할 거야"라고 안일하게 생각했다. 막상 팀장이 되고 나니 밑천이 낱낱이 드러났다. 그동안 '춤추는허리'는 공연이 있을 때만 모여서 연습을 하곤 했는데 사회적 기업을 만들며 배우들이 서로 매일 만나다보니 그 속에서 일어나는 역동들이 더욱 강했던 같다. 나는 때로는 배우들보다 나의 노고를 내세우거나 이기적이게 행동했다. 그동안 마주하지 못했던 나의 피해의식이 나타나기도 했다. 난 '눈치의 마녀'였다. 도움을 받는 것에 익숙했기 때문에 타인에게 싫은 소리를 하지 못하는 성격을 가지고 있었다.

팀장을 맡게 되면서 사람들과 이야기해야 할 기회도 많아지고 회의도 진행해야 하고 외부 일정들도 많아졌다. 나한테 모든 것이 생소한 일이었다. 그중에 언어장애로 인한 어려움도 한몫을 차지했다. '춤추는허리'는 공연할 때 자막을 사용하는데 단지 언어장애 때문에 사용하는 건 아니다. 무대의 한 장치로 생각하고 있다. 그런데 그 당시는 연출팀과 의견이 잘 맞지 않았다. 연출팀은 "자막을 하게 되면 공연이 방해된다" 혹은 "지원 씨만 해결되면 된다"고 주장했다. 연출팀은 공연의 완성도를 위해 대사의 많은 비중을 언어장애가 덜 심한 배우들에게 요청하기도 했다. 그래서 내부적으로 배우들 간에 치열한 눈치 보기와 역동이 작용해서 서로가 서로를 경계하기도 했다. 사실 나는 그런 내적 갈등도, 배우들 간에 있는 역동들도 잘 인식하지 못했다. 나는 내 언어장애 문제에 더 꽂혀 있었기 때문이다. 솔직히 팀원들보다 내가 먼저인 셈이었다. 그동안은 나의 언어장애를 심각하게 생각해본 적이 별로 없었다. 생활 언어만 사용했기 때문에 당시 연출팀의 말은 나에겐 충격적인 것이었다. '나의 언어장애가 문제가 될 수도 있구나.' 그날 밤 소주를 얼마나 마셨는지 기억도 잘 나지 않을 정도로 과음하면서 언어장애에 대해 진지하게 생각하는 계기가 되었다.

화산 폭발의 시간을 지나 이제는 동료로 함께하는 우리

나의 파트너는 경중 장애를 가지고 있고 우리 둘은 또래들에 비해 사회 경험을 많이 해보지 못했다. 그러다 내가 사회 활동이 점차 많아지자 갈등이 생겨났다. 배우 활동만 할 때는 정해진 시간에 공연 연습을 하고 회의 때 의견만 이야기하고 돌아오면 되었다. 그러나 팀장 역할을 하게 되면서 내부 회의는 물론 외부 일정도 많아지고, 외부 사람들과 소통해야 할 일들이 많아졌다. 그러면서 나와 파트너의 갈등도 걷잡을 수 없이 커져갔다. 파트너는 다른 사람들과 통화하거나 이야기하는 것을 좋아하지 않았지만 내가 외부 스텝과 소통할 때 통역 역할을 해줘야 했고 회의가 길어져 나를 기다릴 때면 어김없이 화산에 불이 붙는 듯 폭발하곤 했다. 그는 자신의 감정을 잘 다스리지 못했다. 그럴 때마다 나와 파트너는 각자의 입장만 늘어놓았다. 사회 경험이 부족한 우리는 다른 사람이 있든 없든 감정들을 모두 드러내서 주위를 불편하게 할 때가 많았다. 나는 나대로 좌불안석 상태로 불안, 초조하게 파트너의 눈치도 봐야 했고 동료들의 눈치도 보면서 활동을 이어갔다.

그러다 활동이 넓어지면서 교육 활동도 참여하게 되었다. '춤추는허리'가 교육 연극을 개발하게 되면서 더 다양한 사람들과 만나고 이야기하는 과정에서 나는 사람들을 대하는 방법, 말하는 방법을 배워갔고 조금씩 성장해갔다. 교육을 듣는 사람들의 인식이 한 번에 확 변하는 건 아니지만 아주 조금씩 변해가는 모습을 보면서 더 이상 나의 파트너는 "그만두라"고 한다거나 "배우만 하라"고 하지 않았다.

다른 사람들이 있을 때는 감정 표현을 자제하는 법도 배웠다. 파트너 역시 오랫동안 '춤추는허리'와 함께 하다보니 기술 스텝으로 일하게 되었고, 스텝 일을 하면서 사람들의 인정을 받고 자신을 존중감 있게 대하는 사람들의 태도를 보며 자신을 하나의 주체로 느끼는 것 같았다. 아마도 나와 파트너는 장애여성공감을 통해 사회를 배운 것 같다. 이제는 우리가 정말 '동료'가 된 것 같다. '춤추는허리'가 교육을 진행할 때 파트너가 비판이나 피드백을 해주기도 하고 공연할 때 대사 체크하라고 잔소리할 때도 있다. 이런 활동들이 내 파트너의 인식도 변하게 한 것 같다.

도전과 실패는 한 끗 차이

'춤추는허리'가 포부를 가지고 도전했던 사회적 기업은 여러 가지 이유로 우리와 맞지 않는다는 이야기들이 오갔다. 그중 하나는 배우들이 아직 준비가 덜 되었다는 것이었다. 그런 이야기들이 오갈 때 솔직히 나는 답답함도 느끼고 아쉬움과 불안함, 좌절감이 뒤죽박죽되어서 정리가 잘 되지 않았다. 사회적 기업이란 것을 기반으로 해서 '직업 배우'로서 '춤추는허리'를 주체적인 공간으로 만들어보고 싶었던 욕구가 있었지만 현실은 만만하지 않았다. 우리에게는 '주체'가 되는 훈련이 분명 필요했다. 한 번도 하나의 인격체로서 무엇을 계획하고 이끌어보는 훈련과 연습의 기회를 가져보지 못했기 때문이다.

　그렇게 우리는 사회적 기업이란 도전을 접기로 하고 처음부터 다시 '주체란 무엇인가'부터 이야기하기로 했다. '춤추는허리'가 원하는 것, 할 수 있는 것, 하고 싶은 것들부터 이야기를 나눴다. 그 과정들이 쉽지 않았다. 팀장으로서 나는 배우들 간에 역동이 있었을 때도, 실무자와 역동이 있었을 때도 잘 대응하지 못했다. 솔직히 고백하면 그 당시에는 배우들의 삶을 알려고 하지 않았던 것 같다. 겉으로는 배우들의 경험을 안다고, 이해한다고 했지만 내 삶의 무게가 먼저였다. 아니 내가 먼저였다. 나 역시 리더라는 역할의 경험이 많지 않았기에 어떻게 대응하고 무엇을 고민하고 제안해야 하는지 훈련이 필요했다.

　점점 '춤추는허리'가 무서워지기 시작했다. 내 머릿속에 정리가 필요했다. 더 솔직히 이야기하면 도망가고 싶기도 했다. 여러 가지 힘듦은 고스란히 몸에 나타났고 내 인생 처음으로 하혈이란 것도 해보았다. 그 과정을 거치며 '아닌 걸 아니라고 말하는 것도 훈련이 필요하구나'라는 것을 배웠다. 그렇게 정신적으로나 육체적으로 힘든 시기들을 보내고 나자 점점 배우들의 목소리가 들려왔고, 배우들의 인생들이 보이기 시작했다.

'춤추는허리'만의 방식을 찾아가는 과정

'춤추는허리'는 우리만의 방법을 찾던 중에 새로운 도전을 시작했다. 외부 연출 없이 내부 구성원들끼리 공연을 만들어보는 도전이었다. 실패, 좌절, 눈물, 화, 갈등, 역동, 하혈, 두려움, 초조가 있었기에 가능했던 도전이었다. 나처럼 중증 장애여성이 연출을 한다는 건 그 누구도 상상조차 하지 않았을 것이다. 그러나 우리의 도전은 시작되었다. 장애여성들이 적극적으로 자신의 의견을 이야기하고, 누워서 움직임을 해보겠다고 하고 액션과 동선을 제안하고, 각자의 장애에 맞는 동작을 찾아오기도 했다. 중증 장애여성인 내가 필기가 어려우면 다른 발달장애여성이 온갖 집중력을 발휘해 필기를 해주기도 하고 액션을 말로 설명하면 장애가 비교적 덜 심한 배우가 움직임을 보여주면서 우리만의 방식을 찾아갔다.

내가 연출을 맡으면서 외부 스텝들과 어떻게 소통하는지도 중요한 과제였다. '언어장애는 무엇일까?' '비언어장애인처럼 아무 장치 없이 소통할 수 있을까?' '언어장애가 있는 연출과의 소통은 외부 스텝들에게도 도전이지 않을까?' 나만의 소통 방식이 필요했다. 10년 넘게 '춤추는허리'에서 함께 활동했던 활동가가 고민을 같이해줬고 여러 각도로 제안을 해줬다. 그런 제안들을 토대로 방법들을 찾아가기 시작했다. 내 언어장애에 대한 설명을 하고 '동시 통역, 자막 통역, 휴대전화 통역' 등으로 소통 방식을 찾았다. 외부 스텝들과 직접 만나서 이야기할 때는 한 번 더 물어봐달라고 부탁하고 간접 소통할 때는 문자로 이야기하며 작업하고 있다. 조명 같은 경우 디테일한 설명이 필요하기 때문에 대본에 체크해서 이야기를 나누는 방식을 찾기도 했다.

그렇게 '춤추는허리'는 공연의 완성도보다 중요한 '우리만의 공연'을 만들어가고 있었다. 그 과정에서 "누워서 다른 배우들 소품 챙겨주기' '대사 백 번 천 번 적어서 외우기' '비교적 장애가 더 심한 동료 활동보조하기' 등 배우들의 노고가 있었다. 그리고 장애여성공감의 활동가들과 초창기부터 함께 했던 작가들의 지지와 지원이 없었다면 불가능했던 도전이지 않았나 생각해본다.

장애여성들의 삶 자체를 연기하다

여전히 '춤추는허리'는 사건, 사고가 많은 현장이다. 여전히 비도 오고 태풍도 불고 바람도 불고 햇살도 비추고 하면서 오늘도 공연 준비를 하고 있다. 이 글을 준비하면서 누군가 나에게 물었다. "그렇게 싸우고 힘든데 왜 이 활동을 하냐"고. 그 질문에 나도 진지하게 생각했다. '그래, 이렇게 힘든데 왜 여기 있을까?'

'춤추는허리'라는 곳은 '언제나, 항상, 늘 즐거운' 곳은 결코 아니다. 그만둘까, 도망가도 되지 않을까 하는 마음들이 몇 번이고 불쑥불쑥 저 밑에서부터 올라오곤 한다. 그럼에도 불구하고 나는 '춤추는허리'란 곳에서 활동하는 것이 너무나도 좋다. 처음에는 '장애여성의 삶을 알리자'는 명목 아래 내 욕심을 채우기 위해 시작했다. 그런데 이제 '춤추는허리'는 나와 우리 배우들에게 리허설이 가능한 곳이기 때문에 좋다. '실패하는 리허설, 감정을 드러내는 리허설, 질문할 수 있는 리허설, 자신의 의견을 내는 리허설'을 반복한다. 다른 사람들이 볼 때는 "공적인 자리인데 왜 저래?"라고 할지도 모른다. 그러나 나와 우리 배우들은 단 한번도 사회에서 '공적인 자리'가 무엇인지 경험할 기회를 갖지 못했다.

일상에서 해보지 못했던 것을 이곳에서 연습하면서 해보기도 한다. 예를 들어 화가 나서 소리치고 싶어도 보조를 못 받을까봐, 관계가 안 좋아질까봐 소리를 지르지 못했던 배우가 연습할 때 소리를 지르는 장면을 연습해보면 일상에서도 가능해질 수 있을 것이다. 하지만 이것은 장애가 있든 없든 누구나 경험하지 못하면 하기 어려운 일이다. 이렇듯 '춤추는허리'는 그저 무대가 좋아서, 무대에 오르기 위해 머무르는 곳일 뿐만 아니라 하나의 인격체로 존중받고 다양한 경험들을 연습하는 곳이기도 하다.

요즘 장애인 극단이 많아지는 추세다. 나도 여러 곳을 다녀봤는데 그러면서 한 가지 분명하게 느낀 게 있다. 사회적으로 인정받기 위해 사업이나 공연을 한다면 겉으로 보기에 장애가 덜 심한 사람들만 계속 찾을 것이라는 점이다. 그렇게 된다면 나와 우리 배우들은 갈 곳이 그리 많지 않다. 소위 '전문가'라 불리지 않아도, 누워서 대사를 하고 꼬인 몸으로 '장애를 하나의 장치로' 만드는 것이 '춤추는허리'가 존재하는 이유인 것 같다.

지난 몇 년 동안 '춤추는허리'에서 리더 역할을 하면서 장애여성의 삶 그 자체가 보이기 시작했다. 서너 시간 연습을 위해 이 사람 저 사람에게 안겨야 하고, 가족과 늘 타협해야 하며, 활보와 소통을 해야 하고, 보조기구를 장착하고 나오기까지의 과정들. 누군가는 이런 의문을 가질지도 모르겠다. "장애인들 나오기 다 힘들지, 다른 장애인 극단도 그래, 뭐 그렇게 유난스럽게 그래." 그러나 '춤추는허리'는 한 가지는 분명하게 말할 수 있다. "연기를 위해 연기를 하는 곳은 아니다, 장애여성의 삶 그 자체가 연기인 것이다."

전문적이진 않지만, 대사 외우기가 힘들지만, 대사를 잘 까먹긴 하지만 나는 이곳이 참 좋다. 나를 받아주고 인정과 지지를 해주는 곳이고 날 좋아해주는 배우들이 있다. 무엇보다 사회가 장애여성인 우리 배우들의 이야기를 듣고 싶어 한다고 믿는다. 그것이 단지 '장애인 또는 소수자들에 대한 호기심 섞인 궁금증'이라고 해도 더 이상 배제나 통제, 차별과 혐오가 아닌 방식으로 우리의 이야기를 전달하기 위해, 사회가 정해놓은 기준으로 사람들을 분리하지 않고 나와 다른 사람도 인정하고 이해하는 사회를 만들기 위해 우리 자신의 자원인 '장애를 가진 몸'으로 오늘도 내일도 무대에 오른다.

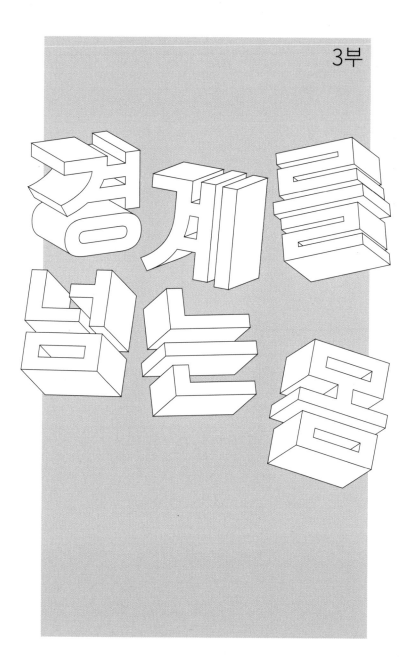

3부

경제를 담는 그릇

노동

일상의 자리에서 일하는 삶

말: 조화영 | 글: 오희진

조화영을 만난 곳은 장애여성공감에서였다. 2016년 봄, 나는 장애여성공감의 장애여성학교 한글반 강사 일을 시작했다. 첫 수업 날이었다. 사무실로 들어서서 담당 활동가를 찾아 사무실 안쪽을 두리번거리는데 한 사람의 뒷모습이 눈에 띄었다. 넓은 등을 보이며 책장을 정리하던 그 사람은 내 기척에 돌아보더니 친근하게 인사했다. 얼마나 열중했는지 얼굴에 온통 땀이 맺혀 있었다. 일하는 사람의 얼굴이었다. 그것이 조화영에 대한 첫인상이었다. 조화영이 장애여성학교, 지적장애여성합창단 '일곱빛깔무지개', 장애여성극단 '춤추는 허리' 활동에 참여하는 장애여성공감 열혈 회원이라는 것은 나중에 알게 되었다.

임금노동만 일인가? 일상을 사는 것도 일이다

회원임을 알고 난 후에도, 나는 조화영을 한 일터에서 등을 맞대고 일하는 사람으로 기억했다. 일터에서 일하는 사람과 만나는 흔해 빠진 순간을 드물게 기억하는 이유는 일하는 발달장애여성을 본 적이 거의 없었기 때문이다. 나의 일터 혹은 누군가의 임금노동 현장이었던 한국 사회 일상 공간 곳곳에서 만난 일하는 사람은 대부분 비장애인이었다. 발달장애여성은 왜 그곳에 없었는가? 정말 없었는가? 여느 일하는 사람과 다르지 않게 땀나도록 일하는 조화영을 가까이 만나며 나의 지난 경험에 의문이 들었다. 나는 직접 물어보기로 했다. 그렇게 2017년 여름과 2018년 겨울, 두 번에 걸쳐 조화영과 마주앉아 이야기를 나눴다. "어디에서 무슨 일을 했어요?" 조화영이 먼저 이야기 꺼낸 일은 집에서 "강아지 밥 주는" 것이었다.

"아침에 일어나면 강아지 밥 주고 물 주고, 씻고 양치하고, 밥 먹고, 옷 입고, TV 보고 TV 끄고, 버스 타러 가요. 강아지 밥 주는 건 내 일이에요. 고양이는 언니가 하는데 언니가 바쁘면 나한테 부탁하기도 하는데, 고양이가 울면 내가 스스로 해요."

조화영에게 일은 임금노동일 뿐만 아니라 일상을 이루는 모든 활동이었다. 조화영은 집에서, 학교에서, 복지관에서, 장애여성공감에서, 발달장애인 당사자 자조단체 한국피플퍼스트에서 지금껏 끝없이 일해왔다. 가사노동으로, 장애인 동료 활동보조로, 발달장애인 권리 보장 촉구 활동으로 '내 일'을 찾아 움직이며 발달장애여성이 일을 할 수 있겠냐는 조롱에 도리어 내가 하는 일은 그럼 일이 아니고 무엇이냐고 되묻는 듯했다.

일이란 무엇인가? 임금노동으로만 그 의미를 한정하면 조화영은 사회에 없는 사람이었다. 반면, 일의 범위를 "강아지 밥 주는" 일이라고 확장하면 자기만의 역동으로 고유한 일상을 살아내고 있는 조화영이 선명히 보였다. 비장애인의 삶이 일자리로만 이뤄지지 않듯 발달장애여성도 단지 일자리가 아니라 삶을 구성하고 지속하는 일상의 자리가 필요하다는 당연한 사실을 조화영은 자신의 이야기로 확인시켜 주었다. 그 이야기 가운데서 나는 연극도 하고 싶고, 도시락 배달도 하고 싶고, 카나페 가게도 하고 싶고, 사회복지사도 되고 싶고, 피플퍼스트 활동가도 되고 싶은 조화영을 처음부터 다시 만났다.

동료의 활동보조, 선택지를 넘어 발견한 '일'

조화영은 중학교까지 일반학교를 다녔다. 중학교 졸업을 앞두고 주변에서 어떤 고등학교에 갈 거냐고 물어왔다. 조화영은 자신이 일반학교를 들어가야 된다고 생각했지만 교장 선생님과 상의해보라는 엄마의 말에 교장실을 찾았다. 교장은 K학교와 T학교를 소개했다. 둘 다 특수학교였다.

"교장 선생님이랑 차 마시면서 얘기했어요. 고등학교 얘기하면서 엄마가 물어보라고 했어요. 저 어떤 학교 들어가면 좋을까요? 소개 좀 해주세요. 그래서 교장 선생님이 얘기해줬어요. 같이 보면서 주황색 형광펜으로 체크해줬어요. 취업을 하려면 사회생활도 해야 한다면서 특수학교를 소개해줬어요. 또래 친구들도 있고 왕따도 안 당하고 취업도 할 수 있는 학교라고 했어요. 그 말을 믿지는 않았지만 소개해줬으니까 네, 했어요. 그렇게 중학교를 졸업하고 고등학교에 간 거죠."

일반학교는 선택지에 없었다. 조화영은 별 기대 없이 K학교로 입학을 결정했다. "그때는 내가 지체장애로 있었어요"라고 조화영은 덧붙였다. 위치 때문이기도 했지만, 발달장애인인 조화영의 장애가 '지체장애'로 복지카드에 잘못 등록된 바람에 조화영은 T학교보다 지체장애 학생이 다수 다니는 K학교를 가게 되었다는 설명이었다. K학교에 입학한 조화영은 연극부 활동을 시작했다. 말을 잘하니까 하게 된 활동이라고 했다. 연극은 조화영이 잘할 수 있는 일이었다.

"시간이 흘러서 선생님이 인형극제에 공연을 올린다고 통보했어요. 연습 잘해보자고. 그래서 공연을 하게 됐어요. 그때 저까지 여덟 명 있었는데 다 안 힘들었어요. 그때는 학교에서 배워서 했고 공연 연습 막바지에는 연습하고 밥을 먹었죠. 그래서 교장 선생님이랑 교감 선생님이랑 막 수박을 가져와가지고 한 덩어리를 잘라서 먹고, 짜장면도 먹었어요. 짜장면 먹을 때 힘들어하는 사람은 선생님들이 도와줬어요. 그래도 손이 모자라니까, 먹을 때 꼭 눈치를 봐야 되니까 나도 먹다가 안 되겠다 싶어서 보조로 도와줬어요."

지체장애를 가진 부원들의 활동보조는 조화영이 연극부에서 자발적으로 하는 일의 하나였다. 조화영은 누군가에게 도움이 필요한 사정을, 도와달라고 말 못하는 속사정을 기민하게 알아차렸다. 누구나 도움을 주고받으며 살아가고 있다. 하지만 도움이 필요한 상황에서 사회는 장애인이 눈치를 보고 부끄러워하도록 만든다. 조화영 또한 익히 겪어온 상황이었다. 그 자리에서 조화영은 자신이 할 수 있는 일을 하고 싶었다. 부원들이 짜장면을 마음 편히 먹을 수 있도록 돕는 것은 제한된 선택지를 넘어 조화영이 발견한 '내 일'이었다.

직업교육훈련이라는 이름의 통제를 견디며

K학교를 졸업한 뒤, 조화영은 S장애인 복지관을 다니며 직업교육훈련을 받았다. 취업을 목적으로 S장애인 복지관에 드나든 시간만 3년여. 그동안 조화영은 학교를 다닐 때보다 더 구속된 학생이 된 듯 답답했다. S장애인 복지관의 사회복지사 A는 조화영을 비롯한 성인 발달장애인을 어린아이 대

하듯 무시하고 연애와 같은 내밀한 일상까지 사사건건 통제했다. 조화영은 몸이 후들후들 떨릴 정도로 A를 불쾌하게 기억하면서도 여전히 "선생님"이라고 불렀다. 조화영에게 A는 교관이나 다름없었던 것 같았다. A의 부적절한 언행과 군대식 위계로 이뤄진 직업교육훈련이 그만큼 조화영의 몸에 익숙하리만치 각인돼 보였다. 당시 조화영이 경험한 성인 발달장애인 직업교육훈련은 참여자가 자신의 몸을 자발적으로 움직여 적성에 맞는 일을 찾는 과정이 아니라 이미 정해진 일에 자신의 몸을 기계처럼 맞추는 과정이었다. 그곳에선 몸을 자유롭게 쓴 적이 별로 없었다.

직업교육훈련 1교시는 체육이었다. 조화영은 운동을 잘 못하는데 하라고 해서 힘들었다며 입을 열었다.

"산에 올라간 적도 있고, 평소에는 훈련받기 전에 운동장 나가서 뛰고, 줄넘기 윗몸일으키기 마주보고 손뼉치기 그런 거 하고, 일렬로 서서 한 명씩 뛰어나가면 뒤따라서 열 바퀴 백 바퀴 돌고, 다시 줄넘기하고 잔디밭에서 멀리뛰기하고 태극기(국기계양대)까지 뛰어갔다 오고……"

그 시간을 회상하는 조화영의 이야기는 당시 체육 수업이 진행된 운동장으로 되돌아간 듯 숨 가쁘게 이어졌다. 참여자의 욕구와 신체 능력 차이를 전혀 반영하지 않은 활동이었다. 담당 사회복지사들은 참여자의 줄넘기 횟수나 달리기 시간을 체크해서 기록이 뒤처지는 참여자가 기록이 앞선 참여자에게 물을 떠오도록 시키는 벌칙을 주기도 했다. 벌칙은 그것으로 끝이 아니었다. 체육을 마치면 작업실까지 걷지 못하고 뛰어가야만 했다. 숨을 고르지도 못하고 바로 작업을 했다. 작업은 짧은 쉬는 시간과 점심시간을 끼고 오전부터 오후까지 죽 계속됐다.

작업은 단추, 집게, 명찰, 볼펜, 사인펜, 테이프, 이쑤시개 같은 물건을 조립하거나 포장하는 일이었다. 작업이 시작되면 담당 사회복지사들이 참여자가 완성한 시간과 수량을 각각 쟀다. 그리고 성과에 따라 일당이 정해졌다. 조화영은 자신보다 돈을 더 많이 받는 사람들이 부러웠다. 하지만 아무리 작업을 빨리 해도 소용이 없었다. 직업교육훈련이었던 작업은 참여자의 성과를 줄 세워서 쉴 틈 없게 만들었다. 대부분의 일이 수작업이었기 때문에 손이 다치는 경우도 허다했지만 "베이기도 하고 반창고 하고 싶어도 시간을 재니까 아파도 참고 빨리, 여기 있는 책상부터 끼고 끼고 끼고 끼고 걸어가면서 끼고"할 수밖에 없었다며 조화영은 좌우로 몸을 움직여 볼펜 뚜껑 끼우는 시범을 보였다. 그러고는 장애여성공감에서 사용하는 모나미 볼펜을 가리켜 "도라미" 볼펜 뚜껑도 자신이 끼웠다고 덧붙이며 씨익 웃었다. '도라미'가 됐든 '모나미'가 됐든 조화영은 똑같이 일하는 사람이었다. 하지만 똑같이 일해도 직업교육훈련 내내 한참을 못 미치는 대우를 받았다.

"복지관 봉고차 타고 롯데리아에 실습하러 갔어요. 롯데리아 창문이 워낙 크잖아요. 나는 2층에서 창문 큰 거 닦았어요. 그때 덥고 햇빛이 너무 강해서 선생님이 먼지 보인다고 해서 다시 (세제를) 뿌리고 닦았어요. 손 안 닿는 높은 데는 의자 올라가서 했어요. 창문 열면 앉을 수 있는 턱이 있는데 거기 앉아서 닦았어요. 위험하니까 아래를 보면 무서웠어요. 창문 있는 책상 닦고, 테이블 있는 책상 닦고, 쓰레기 줍고 청소했어요. 2층 청소 다 하고 나서 1층 내려가서 손 씻고 모자 쓰고 햄버거 만들었어요. 쉬지는 않았어요. 그래도 훈련이니까 최선을 다해서…… 점심 먹는 건 돈 내고, 내가 햄버거 만들어서 먹었어요."

롯데리아의 여느 파트타임 노동자와 다름없이 청소와 조리를 겸해 일했지만 식대는커녕 적은 보수조차 받을 수 없었다. 직업교육훈련 실습이라는 명목으로 사전 교육이나 안전장치 없이 맨몸으로 위험하게 행해진 무급 노동이었다. 그 같은 일을, 조화영은 장차 취업을 위해 배워야 하는 일이라고 생각했다. 뭐든 "최선을 다해서" 배우면 취업해서 자립할 수 있을 거라고 믿었기에 S장애인 복지관 직업교육훈련을 견뎠다. 하지만 획일화된 일부 직무 기술을 체험하는 직업교육훈련이나 임금이 적은 보호고용(장애인 보호 작업장) 같은 일자리에서는 발달장애여성의 독립을 중요하게 고려하지 않았다. 이를 같이 고민해주는 사람은 아무도 없었다. S장애인 복지관 사회복지사들도 자립을 바라는 조화영의 마음을 가벼이 대하며 너는 안 된다고만 잘라 말할 뿐이었다. 개 중에서도 A의 말은 참을 수 없었다.

"선생님이 학여울역에 직업박람회 간다고 해서 9시까지 오래요. 그래서 조그만 봉고차에 끼어서 타고 나머지는 지하철 타고 갔어요. 학여울역에 내려서 직업박람회 들어가기 전에 선생님한테 이력서를 보여줬어요. 이거 쓰면 저도 취업할 수 있겠죠? 물어봤어요. '너는 취업할 수 없어. 너는 살쪘으니까. 뚱뚱하니까. 안 돼, 안 돼.' 나는 직업박람회 간다고 해서 내려고 가져왔는데…… 취업하고 싶어서 복지관에서 맨날 똑같은 일하고 맨날 똑같은 훈련받았는데 할 수 없다니까 성질나서 이력서 찢어버렸어요."

조화영은 가만히 있지 않았다. 면전에서 화를 내기도 했고, 화를 낼 수가 없으면 화장실에 가서 울기라도 했다. S장애인 복지관에서는 직업교육훈련 참여자가 일기를 쓰도록 시켰는데 한번은 A가 검사하는 일기에 보란 듯이 그에 대한 불만을 써낸 적도 있었다. 인사할 때마다 내 머리를 왜 만지는지 모르겠다는 조화영의 항의에 A는 "귀여워서"라고 답하며 웃을 뿐이었다. 뭐지? 왜 웃지? 조화영은 자신을 어린이로 본다고 느꼈다. 그 같은 사회복지사가 주도했던 S장애인 복지관 직업교육훈련은 '이상하고 한심하고 불편한' 시간이었다. 말할 사람이 별로 없었기 때문에 한 번도 이야기해보지 않은 기억이었다. 그래서인지 조화영은 이야기 도중에도 그때 그 마음을 여전히 생생하게 마주하는 것 같았다.

내가 존재하는 일상의 자리에서 일하기

조화영은 모자 공장에 취업한 후 S장애인 복지관에 발길을 끊었다. 모자 공장에서 조화영은 시다였다. 미싱 일을 하는 비장애인 직원 옆에서 완성된 모자에 쉴 틈 없이 라벨을 붙이고, 화장실을 청소하고, 설거지를 했다. 야근할 때는 점심 식사를 비롯해 저녁 식사도 직장에서 해결해야 했는데, 매번 한 종류 메뉴만을 일괄 주문하는 데다 음식 맛이 형편없었기 때문에 조화영은 저녁 식사 시간이 힘들었다. 참다못해 다른 메뉴를 시켜 먹으면 안 되냐고 의견을 냈다가 팀장에게 구박을 받고 보복으로 일당이 깎이기도 했다.

오전 8시부터 오후 6시, 때론 밤 10시까지 밤늦도록 그렇게 일해도 조화영의 일당은 변함없이 '24,500원'이었다. 주 5일을 출퇴근해도 월 40~50만 원이 주어지는 셈이었다. 다른 직원보다 적은 돈이었고 그나마도 엄마가 관리하고 있어서 마음대로 쓰지 못했다. 그날그날 몇 천 원의 용돈을 받아서 생활했던 조화영이 하루에 자신을 위해 쓰는 돈은 생수 값 500원이 전부였다. 장애여성극단 '춤추는허리'의 연극 공연에서 조화영은 자기 이름으로 된 통장을 만들고자 고군분투하는 서른 살 발달장애여성 '영진'을 열연한 적이 있었다. 그것은 조화영 자신의 이야기이기도 했다. 조화영은 돈과 기회를 자유롭게 가질 수 있다면 하고 싶은 일이 있었다.

"사람들이 먹고 싶은 메뉴 골라서 시킬 것 같아요. 배려하고, 존중하고, 협동하고, 다른 사람들과 맞춰서 일하고 싶어요. 연극도 하고 싶고, 도시락 배달도 하고 싶고, 카나페 가게도 하고 싶고, 사회복지사도 되고 싶고, 피플퍼스트 활동가도 되고 싶어요. 꿈이에요."

'안 돼, 안 돼'라는 말로 무시당하기만 했던 꿈이었다. 그러나 조화영이 장애여성공감 회원 활동을 시작하면서부터 이 많은 꿈에 동력이 실렸다. 30대가 다 돼서였다. 자신이 하는 일과 일상을 있는 그대로 존중해주는 사람들과 만나면서 조화영은 그 사람들의 일과 일상에도 자연히 관심을 기울이게 되었다. 조화영은 활동가들 책상을 기웃거리며 말을 걸었다. "뭐 하세요?" 그럼 활동가들은 대답했다. "일해요." "업무하고 있어요." 그 일을 "컴퓨터로 업무하시는구나" 정도로 이해했던 조화영은 활동가들과 동행해 4·20 장애인차별철폐의날 집회에 참석하고서야 활동가들이 하는 일이 무엇인지 체감했다.

"4·20 때 무슨 일을 하는지 알게 되었어요. 집회가 뭐지? 나 같은 장애인이 모여서 자기주장, 권리 말하는 것이래요. 모여서 화내고 분노하는 곳이래요. 그래서 저도 같이 갔어요. 집회도 하고 행진도 하는데 경찰이 우르르 서 있었어요. 뭐지? 처음에는 무서웠어요. 경찰이 활동가님들한테 다가오고 다 막고 있는 거예요. 그래서 물러서서 활동가님들한테 물어봤어요. 우리들이 위협할까봐 경찰들이 막는 거래요. 통제래요. 왜 통제해요? 우리가 뭐 할까봐? 경찰들이 왜 그러지? 생각이 들었어요. 경찰들은 하는 일이 원래 범인을 잡는 건데 왜 길거리 집회 나가는 걸 관리하는 거지? 경찰들 일이 아닌 것 같은데."

"뭐지?" "왜 웃지?"라고 반문해왔듯 조화영은 경찰 앞에서 물러서지 않았다. 경찰들이 쓴 모자를 가리켜 "그 모자 내가 만든 거다!"라고 외쳤던 조화영의 말 한마디는 활동가들 사이에서 어떤 구호보다도 두고두고 회자되었다. 그것은 일하는 발달장애여성의 존재를 지우는 한국 사회를 향한 일갈이었다. 아무리 지워도 나는 존재한다고, 내가 하는 일에 기대어 당신도 존재한다고 내질렀던 것이다. 조화영은 자신이 존재하는 일상의 자리를 인식하고 사회와 만나는 접점을 포착했다. 이를 해내기까지 든든한 베이스캠프가 되어준 것은 장애여성공감 회원 활동이었다. 조화영은 장애여성학교 인권반 수업에 참여하면서 "장애인도 대한민국 사람으로 보일 권리가 있다는 걸 알고 인권을 사랑하게 됐다"고 말했다. 인권을 사랑하면서 무엇이 달라졌는지 묻자 조화영은 교회에서의 일화를 들려줬다.

교회에서 성경모임이 있던 날이었다. 조화영은 컨디션이 안 좋아서 성경모임을 빠지고 한쪽에 앉아 있었다. 그러자 모임 장이 따로 앉아 있을 거면 당장 나가라며 다짜고짜 큰소리를 질렀다. 비장애인 교인에게는 큰소리를 내지 않으면서 나만 함부로 대한다고 느꼈기에 조화영은 기분이 나빴다. 그럴 때는 듣기 싫다고 말하라고 장애여성학교 인권반에서 가르쳐준 것이 생각났다. 당시에는 말을 못했지만, 시간이 좀 지나서 장애여성공감에서 4·20 집회 때 함께 썼던 '반차별' 모자를 보고는 이거다 싶었다. 조화영은 '반차별' 모자를 쓰고 교회에 갔다. 예배할 때도 벗지 않았고 성경모임을 할 때도 벗지 않았다. 사람들이 수군거리다가 다가와서 '반차별'이 뭐냐고 물었을 때 조화영은 "공감에 와봐요. 그럼 가르쳐줄 거예요"라고 답했다. 후련했다고 했다. 조화영은 발달장애여성을 향한 무례와 차별에도 용감히 맞설 수 있게 되었다. 그것이 인권과 사랑에 빠진 조화영의 변화였다.

스스로 지켜온 일상의 자리

변화의 역동은 그런 일상에서부터 '일곱빛깔무지개'와 '춤추는허리' 활동으로 번졌다. 조화영의 새로운 일이었다. 새로운 일을 통해 조화영은 새로운 관계를 맺었다. '일곱빛깔무지개'가 게이 인권운동 단체 '친구사이'의 합창단 '지보이스'와 합동공연을 준비하는 동안 '성 소수자'라는 말을 접했고, '춤추는허리' 공연을 준비하는 동안 언어장애를 가진 단원들과 소통하는 법을 배웠다. 이는 서로의 다름을 환대함으로써 연대하는 경험이었다. 결코 쉽지는 않았다. 특히, '춤추는허리' 단원들과는 첫인사를 앞두고 다른 배우들과 이야기도 해야 하는데 과연 배우 활동을 할 수 있을지 걱정하기도 했다. 조화영은 K학교 연극부 활동 경험을 떠올렸다. 그때처럼 단원들과 관계 맺고 소통하는 일부터가 연극의 시작이라는 생각이 들었다. '배우 활동은 그게 하는 일이니까'라고 마음을 다잡았다. 조화영에게는 못 알아들으면 다시 물어보고 잘 들으려고 노력하는 것이 배우의 일이었다. '내 일'이었다.

"J님과 단둘이 있을 때는 못 알아들으니까, 원래 거리를 두고 이야기해야 하는데 의자를 갖고 아예 딱 붙어서 얘기했어요. 들으려고. 그랬더니 무슨 말인지 잘 들렸어요. 모르겠으면 다시 한 번 말해달라고 했어요. 근데 다시 말할 때 조금 미안한 마음이 들었어요. 내가 만약에 J님이라면 얘기를 했는데 똑같은 얘기 또 하면 힘들 것 같아요. 더 얘기를 해야 되나 더 해서 했는데 못 알아들으면 좀 미안하니까. 그래서 더 잘 들으려고 노력했죠. 한참 있다가 잘 듣게 됐어요. 그거는 일이니까. 배우 활동은 그게 하는 일이니까."

발달장애인을 대하는 사회의 몰이해를 경험해온 조화영은 장애라는 다름으로 인해 겪는 소수자의 어려움에 누구보다 동감했기에 저마다의 차이를 살피고 단원들과 관계 맺고자 노력했다. 이는 일대일의 노력에 그치지 않았다. 2017년, 조화영은 발달장애인 자조단체 대회인 한국피플퍼스트대회에 서울 지역 위원장으로 참가해 대회를 준비하고 '장애등급제·부양의무제 완전 폐지'와 '투쟁'을 사회에 발언하기에 이르렀다. 조화영은 "괴물 취급도 안 받고, 대한민국 사람으로 보이고, 가족들이 일해도 나에게 돈(수급비)을 줘야 하니까" 장애등급제와 부양의무제가 폐지되어야 한다며 '투쟁'의 이유를 또박또박 설명했다. 2017년 11월부터 겨울 내내 장애인운동계는 장애인 노동권 확보를 위해 장애인 고용공단 서울지사를 점거하며 농성을 이어갔다. 중증 장애인에 대한 최저임금 적용 제외 조항을 삭제하고, 장애인을 위한 공공 일자리 1만 개를 만들라고 요구했다. 그 당시 조화영도 장애여성공감의 활동가, 회원들과 농성장 지킴이를 함께했다. 농성장을 지키면서 조화영은 만들고 꾸미는 것을 잘하는 자신의 능력을 발휘해 '제발 중증 장애인에게 인턴 말고 좋은 일자리를 달라!'는 손피켓을 만들었다.

한국에서 발달장애인 당사자 활동가들이 등장한 것은 비교적 최근 상황이다. 발달장애인 지원법 제정을 비롯해 발달장애인 권리 보장은 지난 몇 년간 장애인운동 진영의 중요한 이슈였다. 발달장애인 이슈는 주로 장애인 부모들의 투쟁으로 사회에 알려졌지만, 이제는 발달장애인 당사자들이 발언을 하고, 집회를 하고, 자신들의 목소리를 내고 있다. 조화영도 동료들과 함께 발달장애인의 인권을 위한 투쟁을 계속해나가고 있다. '투쟁'해서 지키고 싶은 것은 '나'였다. "활동가님이랑 함께하는 꿈"이 있다는 조화영은 이미 자신을 지키는 활동가로 일하고 있었다. 엄연한 일상의 자리에서.

"솔직히 공감 활동가가 되고 싶어요? 사무국장도 하고? 먼 미래에?"

"그것도 욕심이 있죠."

마지막 질문에 조화영은 힘주어 답했다. 피플퍼스트대회에서 만난 발달장애인들이 직장에서 활동가로 일하면서 월급을 받는 게 부러웠다고 덧붙였다. '자기 직장'이라는 인정과 보상에 갈증을 느끼고 있는 조화영 앞에서 나는 문득 조화영이 아니라 사회에 묻고 싶었다. 일이란 무엇인가? 조화영이 해온 일이란 무엇이었는가? 조화영이 학교에서, 무대에서, 복지관에서, 롯데리아에서, 광화문 광장에서, 장애여성공감에서 '스스로' 지켜온 일상의 자리는 왜 '자기 직장'이라는 일자리가 되지 못하는가? 한국 사회가 조화영이 만든 모자를 쓰고도 발달장애여성이 무슨 일을 할 수 있으려나 우물쭈물하는 사이, 오늘도 조화영은 몸을 힘차게 움직여 "강아지 밥 주고 물 주고, 씻고 양치하고, 밥 먹고, 옷 입고, TV 보고 TV 끄고, 버스 타러 가기 위해" 서울을 가로질러 걸어가고 있다. 일상 곳곳에서 자신의 일을 해내면서.

노동

나의 노동, 우리의 운동

말: 안인선 | 글: 오희진

안인선은 장애여성공감의 1호 회원이다. 20년 전, 장애여성 공감이 단체의 모습을 갖추기 시작한 출발선에 함께 서 있었다. 당시 안인선과 어깨를 나란히 했던 많은 장애여성 친구들은 현재 장애여성 인권운동의 여러 장에서 활동가로 일하고 있다. 그것은 안인선도 택했을 법한 길이었다. 하지만 안인선은 뜻밖에도 자동차 영업에 도전했다. 자동차 영업이라니, 장애여성 인권운동과 어떤 접점도 없어 보이는 일이었다. 헌데, 바로 그래서 뛰어들었다는 것이 안인선의 이야기였다. 비장애남성의 일로 대표되는 자동차 영업을 장애여성도 할 수 있다는 것을 보여주고 싶었다고 했다. 안인선식 장애여성 인권운동이었던 셈이다.

나의 성공은 인권운동이 아니다

"우리 목소리가 밖으로 튀어나가서 비장애인 귀에 들리고 비장애인이 공감을 해야 하는데 못하잖아요. 그 사람들은 일부에만 반응하거나 조치를 해주는 정도지 장애인이 느끼는 것을 느끼지 못하는 거예요. 장애인을 도와줘야 하고, 부족하고, 불쌍하고, 어렵게만 보잖아요. 그렇게만 비춰지는 것이 싫었어요. 내가 비장애인 사이에서 열심히 일하고 능력을 발휘하다보면 그 사람들의 잘못된 인식을 깰 수도 있지 않을까 생각했어요, 그 당시에는."

그렇게 도전한 일이었다. 자동차 영업 20년차가 다 된 지금, 안인선은 직장에서는 부장급 커리어를 쌓아올린 노동자이며 가정에서는 자신의 노동으로 남편과 두 아이를 먹여 살린 가장이다. 이는 안인선이 이룩한 성취다. 안인선은 장애여성 인권운동 활동가가 되지 않고 사회에 뛰어들어 비장애인과 어깨를 견주는 노동자로 운동하는 길을 개척했다. 나는 그 성공담을 듣게 되리라고 예상했다. 그러나 안인선은 자동차 영업 노동자로 살아온 자신의 삶을 가리켜 "살아보니까 운동이 아니에요. 나 한 사람의 발전은 많이 가져왔죠. 어떤 사회적인 발전을 가져왔는지는 모르겠어요"라고 말했다.

일견 성공적인 이 삶은 장애여성 인권운동에 뜻을 두고 일했던 안인선에게 절반의 성공이었다. 안인선은 장애여성에게 자리를 내놓지 않는 한국 사회에서 고군분투 끝에 자신의 자리를 확보했지만, "어디까지나 내 경우"라고 강조했다. 안인선의 말대로였다. 많은 경우, 사회로 진출하고자 하는 장애여성의 시도는 거리로 나서면서부터 이동권·노동권을 침해당하고 가로막히기 일쑤였다. 장애여성 차별은 개인적으로 맞서기에는 너무도 거대한 전 사회적 문제였다. 안인선은 개인의 한계를 뼈아프게 실감했다. 그리고 장애여성들의 연대와 당사자 집단의 운동만이 사회에 좀 더 많은 장애여성의 자리를 확보하는 광범위한 변화를 가져올 수 있다고 확신하게 되었다. 예상 밖의 이야기였다. 자신의 '운동'이었던 일의 한계를 선선히 인정하고 이만한 확신을 가지기까지 안인선이 지나온 삶이 궁금했다. 이야기는 1999년으로 거슬러 올라갔다.

장애여성은 일할 수 없다고? 일하지 않은 적이 없었던 삶

"아이들 키우고 살림을 하고 있었어요." 안인선은 1999년 당시를 이렇게 요약했다. 초중고 과정을 검정고시로 패스하고 입학했던 방송통신대학교에서 남편을 만나 결혼해 두 아이를 낳아 키운 지 7년째가 되던 해였다. 그해 안인선은 장애여성공감을 오가면서 친구들이 억울한 일을 주장하고, 잘못된 건 고치고, 어떤 시설의 문제나 장애인에 대한 인식의 문제를 다루기도 하는 것을 지켜봤다. 장애인이라는 걸 덮어

두고 못하는구나, 안 되는구나, 포기하고 지나가며 살았는데 '나도 하고 싶다는 욕구'가 생겼다. 일하고 싶었다. '일하는 여성'이고 싶었다. 안인선이 하고 싶은 '일'의 목적은 인권운동 활동가가 된 장애여성 친구들과 같으면서도 반환점이 달랐다. 친구들이 좀 더 나은 장애여성들의 삶을 위해 한국 사회의 여러 제도를 만들고자 했다면, 안인선이 정한 반환점은 자신의 삶이었다. 안인선은 '장애인도 똑같은 사람'이라는 것을 한국 사회에 몸소 증명해 보이고 싶었다.

"활동하는 친구들과 만나면서 장애인의 인권이 중요하다고 알게 됐어요. 지켜보면서 나도 하고 싶다는 욕구가 생겼어요. 몇몇 친구들이 회의하는 거 보면 비장애인도 있지만 거의 다 장애인이었어요. 장애인끼리 모이면 저는 제일 편하고 생각도 딱 맞아떨어져요. 그런데 장애인끼리 뭉쳐서 목소리를 내는 것이 때론 이론적인 접근밖에 안 되는 것 같았어요. 장애인끼리만 모여서 활동하는 걸 깨고 싶었어요. 장애인도 똑같이 열심히 살아가는 한 사람, 똑같은 사람이라는 것을 보여주고 싶었어요."

안인선은 구직에 열을 올렸다. 20대 중반, 장애인복지관에서 배운 기술로 편물 공장에서 몇 달 일한 적이 있지만 장애 때문에 상체가 힘 있게 받쳐주지 않아 정교한 작업을 하기는 어려웠다. 안인선은 판매직과 영업직 중에서 고민했다. 보험이나 화장품 판매는 사람들에게 부담이 될 것 같았다. 하지만 자동차라면 꼭 필요한 사람들이 사줄 테니까, 또 자동차는 굳이 발품을 팔아가며 영업을 하지 않아도 될 것 같다고 생각했다. 자동차에 대해서 아무것도 모를 때였다. 안인선은 멋모를 때의 자신이 우습다는 듯 말했다. "현실은 영 달랐지." 경력이 없는 30대 중반이자, 아이 둘을 키우는 기혼 여성이자, 휠체어 없이 이동하기 어려운 지체장애인에게 기회를 주려고 하는 곳은 없었다.

안인선은 장애인복지관에서 만났던 동기들이 떠올랐다. 그때는 '장애인이라고 무시당하고 왕따당하고 집에서도 문전박대당하'는 경험을 쏟아내는 동기들을 '사회에 불만이 너무 많은' 사람들이라고만 여겼다. 하지만 실패를 거듭하면서 동기들의 마음을 이해하게 되었다. 안인선은 동기들과 같은 울분을 느끼는 한편, 지금껏 별 불만을 갖지 않을 만큼 가족들 사이에서 어엿한 일원으로 '대우를 받은' 자신의 위치에도 새삼 눈을 떴다. 돌이켜보면 일하지 않았던 적이 없었다. 집에서도 가사노동을 이미 많이 하고 있는 상황이었고 그 덕분에 가족들 사이에서 '중요한 사람'이라는 자신의 위치가 만들어졌던 셈이었다. 안인선은 그러한 위치를 사회에서 처음부터 다시 만들어가는 것 같은 심정이었다.

면접 기회라도 만들어보려고 무작정 자동차 대리점에 전화를 걸었다. 안인선이 먼저 밝힌 것은 자신이 장애인이라는 사실이었다. 몇 살이냐, 결혼은 했냐, 아이는 몇이냐, 사회생활은 해봤냐, 자동차 운전은 할 줄 아냐 등의 질문이 쏟아졌다. 아이 둘은 각각 네 살과 두 살로 어려서 한참 손이 많이 갈 때였다. 사회생활 경험이 있긴 했지만 자동차를 팔아본 적이 없는 것은 물론이고 자동차 운전을 해본 적도 없었다. 첫 면접에서 만난 면접자는 안인선의 숨김없는 답변에 기가 막혔는지 말이 없어졌다고 했다. 계속해서 되돌아오는 것은 묵묵부답이었다. 기혼 장애여성과 함께 일하기를 기피하는 사람이 대다수인 현실에서 힘이 빠지고 지칠 만도 했다. 그러나 안인선은 멈추지 않았다.

"제가 본사에 먼저 연락을 해봤죠. 있는 직원들도 IMF 때문에 다 내보냈다면서 대리점 소장님들 번호 몇 개를 쫙 알려주더라고요. 그래서 몇 군데에 전화를 해봤어요. 직원들 하고 상의하고 결정해서 통보를 주겠다면서 일주일이 다 되도록 연락이 없어요. 그런 일이 두세 번 반복되고 알았어요. 잘린 거래요. 저는 몰랐죠. 다음 면접 때는 솔직하게 얘기해줘야 나도 다른 곳 알아보지요, 얘기했어요. 그제야 죄송하다고, 직원들이 장애인과 일하는 게 어렵다고 한다더라고요. 원래 소장님이 쓰겠다면 쓰는 건데 직원 핑계 대는 거죠. 계속 다른 곳을 알아봤죠. 지금 여기 소장님도 원래는 안 쓰려고 했대요. 그런데 하겠다는 의지가 있으니까 얼마나 버티나 일단 한 번은 써보자. 그렇게 기대 없이 고용했던 거죠."

장애를 차별화한 안인선만의 노하우

"그런데 이게 내가 할 일이 아니더라고." 안인선은 솔직하게 덧붙였다. 자동차에 대해 아무것도 모르는 데다 비장애인에 비해 기동성이 떨어지는 몸으로 하나하나 배워가며 일하는 것이 힘에 부쳤다. 그런데도 장애의 벽을 깨보겠다고 도전한 일이라는 이유로, 취직했다니까 대단하다고 잘해보라고 축하도 잔뜩 받아버린 이유로 무를 수가 없었다. 무엇보다 그만둘 수 없는 이유는 무엇보다 '일하는 여성'으로 살고 싶고, 증명해 보이고 싶은 자신에게 있었다. 어떤 마음으로 시작한 일이었는지 생각하면 도저히 포기할 수가 없었다. 안인선은 악착같이 자동차를 한 대 두 대 팔아나갔다. 그렇게 처음 3년을 버텼다.

"지금은 전화가 오면 한 번에 상담하고 서명까지 다 할수 있어요. 그런데 처음에는 한 가지 물어보고 잠깐만요, 한가지 물어보고 또 잠깐만요, 대답을 빨리 못하니까. 그렇게한 대 두 대 계약하다가 1년 넘어서 조금 더 계약이 됐어요. 3년을 묵묵히 하니까 일은 탄력을 받았는데 실적이 없으면 너무 힘든 거예요. 영업직이잖아요. 회사에서는 차를 팔았는지안 팔았는지 실적에 따라서 돈을 줘요. 만약에 실적이 안 좋으면 아침마다 두 시간 넘게 완전히 깨져요. 사람을 판매한차 대수로 보는 거예요. 작년에 차를 100대를 팔아도 올해에 20대를 팔았다? 그 사람은 죽어나가요."

안인선이 자동차 영업 현장에 완전히 적응하기까지 3년이 걸렸다. 하지만 자동차 영업 현장에서 인정하는 숫자는 3년이라는 경력이 아니라 3대라는 판매 실적이었다. 소장은 안인선의 판매 실적이 좋을 때는 안인선도 많이 파는데 다들 뭐 하고 있냐고 다른 직원들에게 눈치를 줬고, 판매 실적이 나쁠 때는 장애인이면 남들보다 열 배는 노력해야 하지 않겠냐고 안인선에게 폭언을 했다. 이러나저러나 바늘방석이었다고 했다. '바늘방석'에서도 안인선은 기죽지 않았다. 직원들을 사랑해서 하는 얘기라는 소장의 말에 코웃음을 치며 자신을 다독이고 일에 전념했다. 차가 필요한 고객을 부지런히 찾아다녔다.

안인선의 실적을 받쳐준 것은 고객의 재구매였다. 안인선이 관리하는 고객의 재구매율은 평균치를 두 배 이상 웃돌았다. 고객의 재구매는 3년의 고비를 넘기고 자동차 영업 현장에서 계속 일하는 동력이 되었다. 안인선은 고객과의 신뢰를 쌓아왔기 때문에 가능한 일이었다고 강조했다. 당장 차 한 대 팔겠다고 무리해서 견적을 내지 않고 합리적인 가격을 제시하는 것이 안인선의 노하우였다. 돈이 좀 더 들더라도 그것이 정직한 방식이라고 믿었다. 이를 알아보는 고객이 늘어갔다.

"내가 차를 팔 때는 말을 상세하게 많이 해요. 차 나가기 전에도 차를 출고하고 탁송하는 진행 과정을 자세하게 안내하고, 미리미리 설명하죠. 그러니까 차를 사는 느낌이 든다는 거예요. 속이거나 그런 거 없이 다 공개해서 해드리거든요. 나는 손님을 안 믿어요. 안 믿는다는 게 나쁜 게 아니라, 손님은 내가 잘해준 게 맞는지 따로 알아보는 경우가 많아요. 먼저 다 확인을 해봐요. 나한테 와서는 자기가 알아본 건 이게 아니라고 하니까⋯⋯ 이미 나보다 더 잘 안다는 생각으로 상담을 들어가야 돼요. 그러면 손님은 말하지 않아도 딴 데는 이 정도인데 안 부장님은 조금 더 잘해주는구나 하는 거죠. 또 제가 장애인 쪽으로 영업을 하거든요. 장애인 차에 대해서 모르는 사람들이 많거든요. 다른 영업사원에게 가면 장애인 차가 뭔지, 뭘 먼저 해야 하는지 잘 몰라요."

안인선은 장애를 차별화된 전문성으로 개발했고, 이는 특별한 노하우가 되었다. 하지만 안인선의 유의미한 성취에도 장애인을 차별적인 잣대로 평가하는 분위기는 여전했다. 구직 과정에서 겪은 배제도 차별이었지만, 취직 이후 안인선이 일상적으로 겪은 차별은 실수든 성과든 비장애인과 다른 잣대로 평가받는 것이었다. 비장애인 직원의 실수는 업무적으로 있을 법한 실수로 이해받는 반면, 안인선의 실수는 장애인의 실수로 여겨졌다. '장애인이지만 열심히 사는 모습이 좋다'는 식의 반응도 흔했다. 그러면 안인선은 "내가 현장 나가보면 다 열심히 살고 있어. 그러니까 장애인이 열심히 안 산다는 인식이 잘못된 거야"라고 말했다. 그 또한 차별적인 인식에서 비롯된 편견이라고 꼬집어 말해줬다. 안인선이 자동차 영업 현장에서 일한다는 것은 업무뿐만 아니라 그런 편견까지 감당해야 한다는 의미였다.

같은 여성 노동자, 하지만 확실한 차이

안인선이 이야기하는 자동차 영업 현장은 한국 사회의 대다수 노동 현장이 그렇듯 비장애남성 중심적이었다. 그런 현장에서 안인선이 겪은 차별은 장애인 차별만이 아닐 터였다. 성차별도 있지 않았느냐고 묻자 안인선은 '미투'를 언급하며 "어디에는 없겠어요?"라고 되물었다. '미투'가 터진 한국 사회의 여러 업계와 다를 바 없다는 말이었다. 업무와 육아를 병행하는 일이나 직장 내 성차별·성폭력을 혼자 상대하는 일은 업계를 막론하고 여성 노동자로서 경험할 수밖에 없는 이중고였고, 안인선에게도 마찬가지였다. 성차별·성폭력 경험은 자신의 경험이자 같이 일했던 여성 노동자 집단의 경험이기도 했기에 안인선의 이야기는 개인적인 경험담에 그치지 않고 한참 동안 이어졌다.

"남자 손님의 성희롱이나 성추행이 많아요. 성희롱은 '데이트 한 번만 해줘' '하룻밤만 연애 좀 하자' '나 애인 없는데 우리 애인할까?' 이렇게 들이대는 식이에요. 그럼 나는 '애인 많으시잖아요' 능구렁이같이 받아치고 말죠. 그 정도는 비일비재해요. 차에서 상담하는 경우가 있는데 남자 손님이 만진다더라고요. '손 한 번만 잡아줘' 그러면서 슥 만지고 슥 더 듣는 거죠. 한번은 남자 손님이 어디로 오라고 해서 상담하러 갔더니 동굴 같은 다락방으로 부르는 거예요. 섬뜩하고 무서웠어요. 그래서 남편이 밖에서 기다린다고 일부러 티 내고…… 나는 남편이 탁송 기사로 같이 다녀서 보호막이 됐어요. 장애여성이라서 덜하기도 했던 것 같아요. 어떤 비장애 여성 직원은 남자 손님한테 스토킹을 당하기도 했어요. 남자 손님이 자기가 차도 팔아줬는데 안 만나 준다면서 회사로 전화해서 화내고 난리였어요. 언젠가는 여자 탁송 기사가 남자 손님에게 차를 갖다 줬는데 재수 없게 여자가 끌고 왔다고 욕하는 경우도 있었어요. 여직원을 그렇게 보니까 여자들은 일하기가 힘들죠."

비단 남성 고객만의 시각이 아니었다. 여성 노동자를 동등한 시민으로 존중하지 않는 태도는 남성 동료들도 별반 다르지 않았다. 남성 동료들은 신입으로 들어온 여성을 덮어놓고 깔보기 일쑤였고, 20년차 안인선을 '누님'이라거나 '안인선이'라고 부르는 식으로 은근히 맞먹으려 들었다. 여성을 노골적으로 무시하고 배제하는 분위기에서 밀려나지 않고 일하기란 어려웠다. 일하던 영업소에서도 안인선이 기억하는 것만 일고여덟 명의 여성이 그만두었다. 직원이 일을 그만두는 것은 여성 노동자만의 경우가 아니었는데도 소장은 더 이상 여성 직원을 고용하지 않겠다고 못박았다. 여성 노동자가 일하면서 발생하는 문제는 여성이라서 발생하는 문제로 여겨졌다. 안인선은 여성 노동자로서 그들이 겪었을 고

충을 충분히 짐작했다. 하지만 그런 고충이 자신과 공유가 안 된다는 것이 안인선의 이야기였다. 안인선은 직장 내 장애인 차별을 사회적 문제로 인식하는 커뮤니티에 속해 있었던 반면, 직장 내 성차별·성폭력을 공유할 커뮤니티를 가지지 못했다. 장애여성 노동자로서 비장애여성 노동자와 접점을 찾기란 쉽지 않았다. 단지 '같은 여성이기 때문에' 공감대를 가질 수 있는 것은 아니었다.

"남자냐 여자냐 차이지, 똑같아요. 나한테는 똑같이 비장애인일 뿐이에요. 같은 여성이기 때문에 같이 밥을 먹는다든가 차를 마신다든가 하는 것도 아니고, 같이 일하는 게 편하지는 않아요. 그 사람들이 못 견뎌요. 내가 비장애인으로 여기서 버티고 있었으면 그들을 이끌어주고 서로 의지할 수 있었겠죠. 그런데 내가 장애인이기 때문에 30퍼센트는 한계가 있어요. 그들도 나에게 한계고, 나도 그들에게 한계예요. 도저히 맞출 수 없는 30퍼센트예요. 그걸 서로 감안하고 가는 거지. 한번은 아는 애가 '언니는 직장 동료들한테 안 미안해요?' 그러더라고요. 걔는 내가 직장 동료들에게 도움받는 상황이라고 생각했을 거예요. 아마 다들 내가 직장에서 굉장히 많은 지지와 격려와 이해를 받는 줄 알겠죠. 하지만 안 그래요, 직장 생활은, 삶은. 비장애인과 일하면서 일일이 표현할 수도 없고, 도움받을 수도 없어요. 도움이라는 게 주고받는 건데 내가 그들을 돕거나 배려하지 못하는 상황이잖아요. 그런 한계를 30퍼센트는 항상 안고 가는 것 같아요. 그걸 안고 장애인이 비장애인과 똑같이 맞춰서 살아가기는 우리나라 구조로는 너무 힘들어요."

사회의 한계는 어떻게 소수자의 몫이 되는가?

'30퍼센트'는 안인선으로서는 어쩔 수 없는 한계였다. 안인선 개인의 한계가 아니라 사회로부터 만들어진 한계였다. 장애인과 비장애인이 동등한 시민으로 관계 맺은 경험이 거의 없는 한국 사회에서 안인선의 최선은 '30퍼센트'의 한계를 감안하고 가는 것이었다. 그에 대한 아쉬움은 없었는지 물었다. 안인선은 자신이 장애인이 아니라면 같이 일하고 버틸 수 있도록 지지해줬을 텐데 미안한 마음이 든다고 반복해 말하며 한 비장애여성 직원이 소장의 부당한 처사에 항의한 후 그 보복으로 해고당했던 일을 이야기했다. 그런 일이 있었다는 것을 나중에야 알게 되었다고 했다. 안인선은 무력감을 느끼는 것 같았다. "내가 움직이는 건 아무 의미가 없고 아무 영향을 주지를 못하는 것 같아요. 사람들 눈에는 장애여성이 차를 잘 팔아, 장애여성이 올림픽공원 쪽에 근무해, 그런 것뿐이에요"라고 토로할 정도였다. 직장 단위의 책임 윤리를 자신의 몫으로 감당하고 있는 안인선의 모습에서 사회의 한계를 제 몫으로 지고 있는 소수자들이 겹쳐 보였다. 그러나 안인선은 이를 개인적으로만 받아들이지 않고 자존감을 지키고 있었다. '내가 움직이는 건 아무 의미가 없다'고 생각할 때에도 변함없이 안인선을 지지하는 친구와 가족이 곁에 있었기 때문이다.

한번은 퇴사까지 고민할 만큼 마음 고생을 한 적이 있었다. 버스 기사였던 남편이 일을 접고 안인선의 일을 돕기 시작했을 때였다. 조력자로 거듭난 남편에게 고마웠지만, 한편 남편이 맡은 부분에 비하면 자신이 하는 역할이 별로 없다는 회의감을 느끼고 있던 차였다. 그런 안인선에게 장애여성 친구들은 "너 때문에 중요한 업무가 발생된다고, 네가 있어서 일이 만들어졌다고, 네가 중요한 역할이라고" 격려했고, 이에 남편은 "네가 있고 네가 하는 일이 있어서 내가 일을 하는 거다"라며 동조해주었다. 안인선은 '30퍼센트'의 한계에도 이 같은 지지에 힘입어 자신을 믿고 일할 수 있었다고 했다. 하지만 가까운 사람들에게도 지지받지 못하고 사회적으로 고립되는 장애여성이 훨씬 많다는 것이 안인선의 계속되는 이야기였다. 비단 한두 사람의 조력 여부만을 말하는 것이 아니었다. 안인선은 장애여성의 지지 집단이 친구와 가족에서 전 사회로 확대되어야 장애여성의 자립이 가능하다고 말했다. 예컨대 일상적으로는 휠체어가 갈 수 있는 편의 시설 확대부터 제도적으로는 장애등급제 · 부양의무제 폐지 같은 변화야말로 장애여성의 지지 기반이 된다는 뜻이었다.

그러나 지지는커녕, 사회는 장애여성에게 돌부리 가득한 길이었다. 당장 밥을 먹고 볼일을 보는 기본적인 문제를 해결하기도 힘들었다. 안인선에게 주로 이용하는 식당과 화장실이 얼마나 있는지 물어봤다. 안인선은 식당과 화장실을 합해 한 손에 꼽아 보이며 "그런데 365일 여기만 갈 수 없잖아요?"라고 말했다. 안인선이 정해놓고 가는 식당은 직장 근처에서 휠체어가 들어갈 수 있는 백반 집, 김치찌개 집, 맥도널드가 전부라고 했다. 입구에 턱이 있거나, 계단만 있고 엘리베이터가 없는 식당에는 아예 접근할 수조차 없었다. 화장실 문제는 더 심각했다. 장애인용 화장실을 찾기가 어려워 몇 시간씩 참는 것이 다반사였다. 직장 사무실이 구청 옆으로 이사한 후에는 그나마 구청에 있는 장애인용 화장실을 자주 이용할 수 있게 되었다며 안인선은 씁쓸하게 웃었다. 전반적인 접근권이 떨어지고 기본적인 욕구부터 막히는 장애여성의 관점이 반영되지 않은 사회에서 안인선이 장애인용 화장실을 여기저기 찾아다녀야만 하는 이 같은 상황은 반복될 수밖에 없다. 안인선은 편의 시설 문제를 비롯해 장애등급제·부양의무제 문제도 장애여성의 관점에서 바라봐야 한다고 이야기했다.

"부모하고 자녀하고 같이 살다가 다 떨어져 나갔으면, 나에 대해서는 혜택을 줘야 하잖아요. 그런데 같이 살지도 않는 가족한테 전부 책임지라는 식이에요. 형제들이 다 독립하고 나간 집에서 장애여성이 노부모를 책임져야 하는 경우도 있어요. 가족으로부터 지원을 받지 못했는데도 결국에는 그 장애여성이 떠맡아야 하는 상황이 되는 거죠. 사람들은 집에 장애인이 있어서 부모가 고생한다고 보지만 속사정은 그런 게 아니거든요. 장애여성이 집에 남아서 부모를 돌보면서 전화를 받는 일, 밥 챙겨주는 일, 약 챙겨주는 일을 다 하기도 해요. 장애인 명의로 수급을 받는다든가, 분양권을 탄다든가, 차를 혜택본다든가 해서 가족이 끌고 다니고…… 그런 경우가 아주 많아요. (물론) 기초생활수급이나 활동보조는 장애인에게 필요해요. 그런데 거기 의존하게만 만들잖아요. 나라에서 장애여성에게 일자리라든가 다양하게 지원해야 돼요. 장애여성이 너무 가려지고, 발견이 안 되고, 능력 발휘를 못하잖아요. 각자의 욕구와 능력을 개발해서 자립할 수 있는 사회가 되어야 하지 않나……"

장애여성의 의존 자체보다, 의존하도록 만드는 지원 제도가 문제라는 이야기였다. 수급에 의존하는 것 말고는 다른 삶의 선택지가 거의 없는 사회에서 장애여성의 독립은 요원하다. 안인선처럼 자립한다고 해도 장애여성 노동자라면 이동권·노동권을 일상적으로 침해당할 수밖에 없었다.

2018년 노동절 집회에서 장애인운동 진영은 "장애인도 노동자"라고 선언했다. 활동보조나 이동권의 문제와 비교하면 장애인의 '노동할 수 있는 권리'는 아직 사회적으로 많이 낯설다. 누구나 짐작할 수 있는 것처럼 장애여성은 장애남성과 비교해도 교육률이나 취업률이 현저히 낮다. 정부는 장애여성들이 자신의 적성이나 능력을 다양하게 탐구해볼 수 있는 역량 강화·교육 지원 사업조차 예산 문제로 축소시키거나 형식적인 수준에서 지원하고 있는 상황이다. 서울시에서는 장애여성인력개발센터를 운영하고 있지만, 기존의 여성 인력개발센터 운영 방식을 그대로 적용하면서 비장애여성을 대상으로 한 직업훈련에 소수의 경증 장애여성만을 포함시키려고 할 뿐이다.

안인선의 이야기는 그 같은 사회의 한계를 개인적으로만 극복해야 했던 자신의 삶이 반복되어서는 안 된다는 말로 들렸다. 다른 삶은 다른 사회에서만 가능하다. 사회 변화가 우선이라는 생각 끝에 안인선은 장애여성 당사자의 연대와 집단적인 운동을 다시금 떠올렸다.

'일하는 여성'이라는 바통을 넘겨주기

"우리가 그럴 수밖에 없는 이유가 있었구나. 우리가 모여서 일하고 뭉쳐야만 소리를 낼 수 있고 변화를 가져올 수 있구나. 제가 아무리 혼자 얘기하고 사회생활을 한다고 하더라도 사회가 달라지는 변화는 없는 것 같아요. 예를 들면, 아무리 좋은 회사에서 장애인을 쓴다고 해도 장애인용 화장실이나 엘레베이터가 안 갖춰져 있으면 일할 수가 없잖아요. 당장 내일 와서 일하라고 해도 할 수가 없는 거예요. 그래서 인권운동이 필요해요. 뭉쳐서 소리를 내고, 가서 두들기고, 부딪히고, 깨지고…… 그런 인권운동을 통해서만 편의 시설이나 장애인 접근권에 진정한 변화를 가져올 수 있다고 생각해요. 또 무엇이 잘못되었는지, 우리가 무엇을 요구해야 하는지, 내가 지금 맞게 살아가고 있는지 인권운동을 통해 정리할 수도 있고요."

안인선에게 장애여성 인권운동은 한국 사회가 맞게 돌아가고 있는지를 확인하는 지표일 뿐만 아니라 "내가 지금 맞게 살아가고 있는지"를 돌아보는 지표였다. 안인선은 자신의 삶을 "나 한 사람의 발전"이었다고 정리했지만 삶을 통해 보여준바, '한 사람'으로만 살았던 적은 없었다. 한국 사회를 살아가는 장애여성 가운데 '한 사람'이라는 위치를 매사에 의식해온 삶이었다. 그 위치 감각은 비장애남성 사회에서 안인선이 소수자로 고립되지 않고 사회에 뿌리내린 힘이었다. 안인선은 뿌리를 뻗어 동시대 소수자들과 관계하고 소통하면서 자신이 겪은 장애여성 차별을 사회문제로 받아들일 수 있었다. 그리고 자신이 인권운동으로 뭐든 할 수 있으면 좋겠다며 살아온 이야기를 꺼내놓기에 이르렀다.

안인선은 자신의 이야기는 '한 사람'의 이야기에 불과하다고, 그래서 한계라고 거듭 말했다. 하지만 안인선의 이야기가 의미 있는 것은 바로 그 때문이다. 성공한 장애여성을 대표하기 때문이 아니라 한계를 맞닥뜨리고 때론 실패하기도 했던 안인선 '한 사람'을 대표하기 때문이다. 안인선은 개인의 이야기가 곧 사회적인 증언이고, 장애여성 인권운동의 여전한 이유라는 것을 자신이 정한 반환점을 돌아서 보여주었다. 어쩌면 안인선은 자신이 증명해 보이고자 했던 장애여성의 현재보다 더 멀리 나아갈 운동의 미래, 그 가능성을 조명한 것이 아닐까. 반환점을 그렇게 돌아온 안인선은 숨을 고르고 장애여성 인권운동이라는 출발선에 다시 서 있다. '일하는 여성'이라는 바통을 장애여성들에게 넘겨줄 준비를 하면서. 안인선으로부터 미래에 이어질 수많은 '한 사람'의 이야기가 기다려진다.

탈시설

내가 나를 책임질 수 있을까?

말: 영진 | 글: 강진경

서울시 강동구 고덕동은 장애여성공감의 첫 번째 사무실이 있던 곳이다. 주변에 장애인 거주 시설과 특수학교가 많아 장애인들이 많이 살고 있는 지역이기도 하다. 내가 이 동네와 멀지 않은 곳에서 살았을 때, 고덕동 이마트와 그 주변을 다니다보면 영진을 종종 마주치곤 했다. 고덕동에 처음 독립해서 터를 잡고 처음에 장애여성공감을 만들었던 멤버들이 노년을 맞이하며 강일동 임대아파트로 많이 이동한 지금, 고덕동에 남아서 탈시설한 장애여성들의 큰언니 같은 역할을 하고 있는 그는 늘 어디론가 분주히 움직인다. '춤추는허리' 공연을 하던 무대에서도, 장애여성공감 총회나 송년회에서도, 강동구의 동네 어딘가에서도 묵직한 존재감을 보여주는 사람이다.

시설을 이동하면서 살았던 어린 시절

40대 중반인 영진은 서른 살이 가까워질 때까지 여러 시설을 이동하며 살았다. 부모님의 형편이 어려웠던 탓인지 영진은 어렸을 때 버려져 어떤 곳에 맡겨졌다. 어린 시절이라 정확히 기억나지 않지만 그곳에는 아이들이 참 많았다. 지금 생각해보면 아마 영아원 같은 시설이었던 것 같다. 일반 영아원에서 지내기에는 장애가 심했기 때문에 영진은 곧 또 다른 시설로 옮겨졌다. 수녀님들이 운영하는 곳이었는데, 그곳도 장애가 없는 사람들이 지내는 곳이었다. 그래서인지 그곳에서 잠깐 지내다 일고여덟 살 때쯤 다시 서울시립아동병원으로 옮겨야 했다.

그 당시 시립아동병원은 주로 장애가 있는 아이들과 고아들이 생활하고 있었다. 서울에서 버려지는 장애 아동들이 들어와 치료를 받은 후 다른 수용 시설이나 입양 기관으로 가기 전까지 살아야 하는 장애아 수용 병원이었다. 한국전쟁이 끝난 지 얼마 되지 않았던 1960년대는 부모에게 버림받는 아이들이 많았다. 당시 서울에서 버려진 아이들을 수용하는 곳이 서울시립아동병원과 서울시립아동보호소였다. 정부는 전국적으로 부랑아 단속을 지속적으로 실시했고, 여러 수용 체계를 갖추면서 형제복지원 같은 대규모 시설을 만들어 사람들을 수용했다. 이런 수용 시설은 대부분 생활환경이 비좁거나 불결하며, 열악했다.

서울시립아동병원에는 한 방에 몇 명이 있는지도 모를 정도로 사람들이 엄청 많았다. 다양한 장애를 가진 사람들이 다 같이 한곳에 있었다. 영진은 그곳에서 지내는 게 특별히 서럽다고 느껴지지는 않았다. 그런 감정을 느끼기에는 워낙 어렸고, 그냥 또래 친구들이랑 바닥에 기어다니면서 놀고, 침대 밑으로 다니면서 소꿉놀이하는 게 재밌었다. 그렇지만 원하지 않는데도 점심을 먹고 억지로 자야 하는 건 싫었다. 그곳에서 영진은 나중에 A재활원에서 함께 지내게 될 사람들을 여럿 만났다. 그중에 똑똑했던 A언니는 시립아동병원에서 반장이었다. 그와 비슷한 많은 시설들이 그렇듯, 반장은 시설에서 생활인들을 관리하기 위해 만든 직책이었다. 간호사들이 반장들을 철저하게 관리하며 여러 일들을 맡겼다. 반장인 A언니는 낮잠 시간에 자지 않으면 몽둥이로 아이들을 때렸고, 밤이면 그렇게 보고 싶은 만화를 못 보게 하고, 일찍 자라며 TV를 껐다. 이가 생긴다며 머리를 박박 깎게 하기도 했는데, 지금이라면 인권 침해라고 생각했겠지만 그때는 너무 어려서 그런 생각을 차마 해보지 못했다. 병원에서 학교를 보내주기도 했는데, 정식 학교는 아니고 국어, 산수, 음악처럼 기본적인 것만 가르쳐주는 곳이었다. 후원자들인지 아닌지 잘 모르겠지만 연말에는 외국 사람들이 와서 아이들이 공연하는 것을 보고 가기도 했다.

새로운 시설에서 반장을 맡아

시립아동병원에서 그렇게 7년 정도 생활했을 때쯤, 누군가 찾아왔다. 새로운 시설을 만들고 있다며 장애인 열댓 명정도를 뽑아갔다. 지금은 모두가 알 만한 대표적인 장애인시설 중 하나인 A재활원은 1980년대 중반에 설립되었고, 영진은 병원에서 함께 지내던 사람들과 그곳으로 옮겨갔다.

A재활원의 전신은 1925년, 전쟁으로 장애인이 된 설립자가 전쟁 유가족을 위해 만든 시설이었다. 이곳은 1960년대전쟁고아들을 수용하고 교육 사업을 실시했으며, 1970년대에는 '윤락 여성 미연 방지'를 위해 부녀 직업 보도소도 함께운영했다. 1988년 서울 장애인 올림픽을 대비해 국가에서는대대적으로 장애인 복지시설을 현대화하고 투자를 확대했는데 이러한 영향으로 이 시설은 1985년에 사회복지법인으로 전환되었고 재활원, 학교, 재활병원을 설립했다. 한국 사회의 '시설' 변천사가 이곳의 역사를 통해 드러나는 것이다.

재활원이 막 설립되었을 무렵에는 여러 가지로 부족한게 많았다. 옷도 별로 없고, 그나마도 대부분 입던 옷들뿐이었다. 창고에서 아무거나 몸에 맞는 걸 찾아 입어야 했는데, 영진은 "꽃돼지처럼 뚱뚱해서 맞는 옷이 거의 없어 겨우겨우 찾아 입어야" 했다. 다행인지 재활원은 병원처럼 강제로머리를 깎지 않았다. 생활 선생님들은 머리도 따주며 영진을예뻐해주었고, 친구들하고도 사이가 좋았다. 그래도 어릴 때처럼 친구들하고 노는 게 마냥 재밌지 않았다. 그때 영진의 나이는 이미 열네 살. 사춘기가 시작되던 때였다. '나는 왜 이렇게 태어났을까' 생각하면서 우는 날이 많았고, 옥상에 올라가서 엄마, 아빠가 나를 찾아오기를 바라며 저녁마다 기도했다.

시립아동병원에 있을 때는 반장 언니를 원망하기도 했지만, 막상 반장이 되고 보니 '나쁜 언니'가 되는 건 순식간이었다. 그때서야 A언니의 행동이 이해되었다. 동생 B는 말을 잘 안 듣고, 청소도 잘 안 하면서 매번 뺀질뺀질거렸다. 청소를 안 하면 벌금 100원이나, 500원을 내게 하고 분위기를 잡아보려고 이런저런 시도를 해봤지만 쉽지 않았다. 장애가 심한 동생은 돌아가면서 같이 씻겨줘야 했다. 그럴 때도 B는 매번 빠지려고 했고, 울면서 안 하겠다고 난리였다. 그래서 반장으로서 때리기도 하고, 싸우기도 해야 했다. 아이들이 밖으로 외출하면 혹시라도 섹스를 할까봐 모두 일찍 들어오라고 단단히 일렀다. 삐삐가 와도 전화하러 못 가게 하고, 나가면 몇 시간 내에 돌아오라고 잔소리도 많이 했다. 물론 이런건 다 생활 선생님들이 잘 단속하라고 시킨 것이었다. 특히 귀가 단속이 중요했다. 영진 자신도 반장이 되기 전에는 오빠들이랑 놀며 얘기하곤 했지만, 반장이 되고 나서는 아이들 감시하는 일에 더 열중했다. 혹시나 애들이 다른 남자 원생들을 만나지는 않는지, 옥상에서 데이트를 하지는 않는지 살펴보고 막으려고 했다. 장애가 심한 한 아이가 옥상에서 남자하고 섹스한 것 같아서 그 아이를 많이 혼내고 때리기도 했다. 선생님들은 늘 아이들이 임신을 하진 않을까 두려워했고, 그 두려움은 데이트에 대한 지나친 통제로 이어졌다. 생활 선생님들의 그런 두려움은 반장들에게도 전해졌고, 영진은 아이들의 연애나 사교 활동을 항상 통제해야 했다.

사람들은 거주 시설을 상상하면 생활 교사들이 장애인들을 다 '돌봐준다'고 생각할 것이다. 하지만 생활 교사 한 명이 방 두 개나 네 개를 맡아야 하는 현실에서 실제 보조의 많은 부분들은 거주인들이 직접 책임져야 했다. 같은 방 사람들끼리 서로 씻기고 도와주면서 생활해야 했고, 심지어 선생님들이 사용하는 화장실도 거주인들이 돌아가면서 청소해야 했다. 영진은 아침에 일찍 일어나서 청소하는 일이 정말 싫었다.

1등을 하고 싶었지만, 서러운 눈물의 시간

재활원에는 자원봉사자들이 공부를 가르쳐주러 왔다. 영진은 자원봉사자들에게 공부를 배워서 검정고시를 통과하고 중학교에 들어갔다. 영진은 공부에 워낙 욕심이 많아서 열심히 했다. 간절함이 있었다. 무언가가 되겠다는 꿈이 명확하게 있었다기보다는 1등을 하고 싶었다. 자원봉사자 오빠들을 휘어잡고 인기도 많았던 B언니처럼 똑똑하고 잘나 보이고 싶었다. 그런데 공부에 대한 욕심은 많았지만 공부를 어떻게 해야 하는지 방법을 잘 몰랐다. 그래서 성적은 늘 꼴등이거나 뒤에서 2등, 아니면 3등이었다. 공부는 내 길이 아닌 건가 싶어서 중학교 2학년 때부터는 운동을 시작했다. 보치아와 육상을 하게 됐는데, 달리기가 아니라 던지는 육상이었다. 장애가 심해서 할 수 있는 게 멀리 던지기와 활쏘기 판에 정확히 던지는 것밖에 없었다. 그래도 운동을 하면서 장애인 체전에도 나가고, 체전에서 상도 받았다. 체전에 나가면서 부산이나 다른 도시들도 가보고, 여러 경험도 할 수 있었지만 힘들어서 울기도 참 많이 울었다.

영진은 재활원에 있으면서 그 재단에 있는 특수학교를 다녔다. 학교를 떠올리면 울적한 기억이 많다. 그 학교의 학생들은, 재활원에 살면서 학교를 다니는 아이들과 일반 지역에서 생활하면서 학교를 다니는 아이들로 나뉘었다. 영진은 본인보다 장애가 심한데도 부모들이 아이를 데리고 학교에 다니는 것을 보면서 늘 부러웠다. 부모가 있는 학생들을 보면 울컥한 심정도 들었다. 나도 그들처럼 옷을 예쁘게 입고 싶은데, 재활원에는 작은 옷만 들어오니 뚱뚱해서 맞는 옷도 없고 짜증이 났다. 이때 처음으로 부모가 있는 친구들과 자신을 비교하게 됐다. 어느 때보다 많이 울었고, 죽고 싶다는 생각도 많이 했다. 속상하고 서러운 시간들이었다.

재활원에 있을 때는 같이 지내는 언니한테 돈을 빌려줬다가 혼난 적도 있었다. 선생님한테 혼나는 것도 싫은데, 그 선생님이 본인과 같은 20대 중반의 나이 또래라는 것 때문에 더 자존심이 상했다. 자원봉사자들에게 선물을 사달라고 했다는 이유로 과장님이나 다른 높은 사람들에게 혼나기도 했다. 생리를 시작해서 몸이 아픈데 재활원이 생긴 지 얼마 안 된 탓인지 생리대가 구비되어 있지 않아 힘들었던 기억도 난다. 외출을 하면 시간 맞춰서 돌아오는 것도 만만치 않은 일이었다. 외출증을 끊고 나갔다가 들어와야 하는 시간은 저녁 6시. 한창 놀고 싶은 그 시간에 돌아와야 한다는 건 너무 가혹하다는 생각이 들었다. 저녁 먹는 걸 포기하면 조금 더 놀 수 있긴 했다. 그러나 먹는 걸 제일 좋아했던 영진은 그것만은 포기할 수 없었다. 아동병원에 있을 때는 똑같은 반찬이 매일 나오거나 부실하게 나오는 경우가 많았는데, 재활원에서는 반찬이 매일 다르게 나왔다. 그러니 더욱더 저녁을 포기하긴 어려웠다. 오늘은 무슨 반찬이 나올까 하는 기대로 식사 시간을 기다렸다. 아쉬운 건 맛있는 반찬은 일찍 떨어졌고 더 먹고 싶어도 먹지 못했다는 것이다. 지금도 기억나는 잡채의 맛.

내가 나를 책임질 수 있을까?

재활원에서 지내며 어느덧 20대 후반이 되자 학교를 졸업하면 어떻게 살아야 할지 고민이 많아졌다. 영진 또래의 친구들과 조금 더 나이가 많은 사람들은 다른 시설로 보내졌다. 감사를 받을 때 아동 시설에 나이 든 사람들이 많아 보인다고 지적을 받은 탓이다. 사람들이 그렇게 이동하는 걸 보면서 영진도 불안해졌다. 조만간 다른 곳으로 보내지는 건 아닐까 걱정되기 시작했다. 그때부터 《벼룩시장》을 보면서 집세가 얼마인지도 알아보고, 독립의 꿈도 꾸기 시작했다. 친한 언니 C와 조금씩 계획을 얘기해봤다. 가진 돈을 모두 모아서 방을 한 번 구해보자고. 물론 둘이 가진 돈만으로 방을 구하기란 어림도 없었다. 그러나 어려운 때일수록 방법을 모색해야 하는 법. 영진은 자원봉사자 언니에게 후원해줄 사람을 알아봐달라고 부탁했고, 다행히 후원자가 연결되어 후원금을 조금 받을 수 있었다. 당시 일하던 생활 교사 중에 영진과 나이가 비슷하고 말이 잘 통하는 사람이 있었다. 그 교사에게 재활원에서 나가고 싶다는 욕구를 계속 표현했다.

마침 그때는 시설의 높은 사람들이 외국에 나가서 혼자 사는 장애인의 모습을 보고 돌아와 재활원 사람들에게도 이걸 한 번 도입해보면 어떨까 고려하고 있던 시기였다. 시설에서 살다가 독립한 사람들이 재활원에 와서 얘기를 해주는 프로그램도 진행됐다. C언니와 같이 나가 살고 싶다는 어필을 계속한 덕분인지, 아니면 똑똑해 보인 덕분인지 영진은 재활원 내부의 회의를 거쳐 독립을 하게 되었다. 시설에서 처음 지역사회로 독립시킨 그룹 중 한 명으로 뽑혔던 것이다. 시설에서는 세 명을 한 그룹으로 묶었다. 영진은 자신의 그룹 세 사람을 이렇게 표현했다. "나는 몸은 안 되고 머리가 돌아가는 사람, C언니는 언어가 안 되지만 몸은 멀쩡한 사람, D언니는 손이 자유로운 사람." 당시 여자 세 명과 남자 세 명이 각각 그룹을 이뤄서 처음으로 독립했다. C언니와는 함께 독립을 궁리한 사이였고, D언니는 재활원에서 그냥 짝으로 붙여준 경우였다. 아무튼 그때는 무조건 나와 살고 싶다는 마음이 간절해서 독립한 것이 기뻤다.

2001년, 영진은 그렇게 두 명의 장애여성과 함께 밖으로 나왔다. 처음 시설에서 나왔을 때는 마냥 좋았다. 한편으로는 겁이 나고 두렵기도 했다. "내가 나를 책임질 수 있을까?" 자유라는 것 자체가 느껴질 때는 신이 나다가도 시설 안에서 여러 명이 살다가 세 명이서 지내려니 떨리고 무서웠다. 제대로 결정을 한 것인지 알 수 없었고, 앞으로 어떻게 살아야 할지 막막했다. 그런 무서움과 막막함이 세 사람을 뭉치게 만들었다. 한방에서 같이 지내면서 아무리 무섭더라도 다시는 돌아가지 말자고 서로를 다독이며 헤쳐나가보기로 했다.

당시가 2000년대 초반이었다는 것을 고려하면 영진이 초기에 겪었을 모험들이 얼마나 파란만장했을지, 하루하루가 얼마나 외롭고 버거웠을지 조금이나마 짐작할 수 있다. 그 당시는 정말 사회적으로 아무것도 마련되어 있지 않은 상태였다. '자립생활 운동'이라는 것도 아직 알려지기 전이었고, '탈시설'이라는 말이 장애인운동을 하는 사람들 안에서도 보편화되기 전이었다. 지금처럼 탈시설하는 장애인들을 밀착해서 지원하는 활동가들도 없었고, 주거 지원 정책이나 활동 지원 제도도 전혀 없던 시기였다.

막상 나오고 나니 이것저것 알아봐야 할 것들이 너무 많았다. 집 청소 해줄 곳도 알아봐야 해서 복지관에 가서 정보를 구했다. 지원을 받을 수 있는 게 뭐가 있는지, 반찬을 해줄 사람은 있는지도 문의했다. 그러는 과정에서 헤매기 일쑤였다. 동사무소에 가서 전입신고를 해야 하는데, 집 근처에 있는 동사무소를 찾지 못해 멀리까지 다녀왔다. 휴대전화도 없고 삐삐를 사용하던 시절이어서 집에 전화를 개통하기 위해 전화국을 찾는 것도 험난한 미션이었다. 영진은 같이 살게 된 세 명 중에 이렇게 정보를 알아보는 등 실무적인 부분들을 제일 많이 담당했다. 물론 이런 경험들이 점차 쌓이면서 독립하는 데 힘이 되고, 중요한 자원이 되었지만 그때는 그런 생각보다 그저 난감하고, 누구에게 무엇을 알아봐야 하는지 고민하는 게 힘들 뿐이었다. 독립의 과정은 장애인, 비장애인 구분 없이 누구에게나 큰 모험이고 하얀 백지를 받아든 기분일 것이다. 특히나 오랫동안 시설에서 생활하면서 '보통의 경험'을 차단당하고 지내온 사람이 일상생활의 많은 부분을 0에서부터 시작해야 해서 더욱더 어려웠다.

서로 돕고 때로는 짜증내고

재활원 입장에서도 큰 결정을 내렸던 만큼 이들이 지역 사회에 잘 자리 잡기를 바랐고, 그만큼 기대와 그에 따른 부담도 클 수밖에 없었다. 생활을 하는 공간은 시설 밖이었지만, 어떤 의미에서는 온전히 '밖으로 나왔다'고 보기 어려웠다. 지금은 재활원에서 지낼 때 교육을 시켜서 내보내지만, 그때는 나오고 난 후 하나부터 열까지 다 배워야 했다. 선생님들은 나와서 잘 살아야 한다는 걸 강조하면서 참견과 감시도 많이 하고, 계속해서 잔소리를 해댔다. 요리는 이렇게 해야 한다, 손님이 오면 이렇게 대접해야 한다, 냉장고에는 뭐가 들어가 있어야 한다, 이런 얘기들을 계속 늘어놓았다. 시설 밖으로 나와 8개월 정도의 준비 기간 동안 장도 보고 가계부도 써보는 등 일상적으로 필요한 것들을 배웠다. 재활원 선생님들은 일주일에 한두 번 정도 찾아왔는데, 그럴 때마다 집은 난리가 났다. 허둥지둥 집을 치우고 잘 사는 모습을 보여주려고 노력했다. 그렇지 않으면 시설로 다시 들어오라는 얘기를 들을까봐 불안했던 것이다. 그렇게 시설에서 지내는 동안 경험해보지 못했던 생활의 방식들을 익혀가는 것만으로도 버거웠지만, 그와 동시에 아침에는 일찍부터 보호 작업장으로 출근해서 십자수, 양초 공예, 퀼트 등을 만드는 일도 해야 했다.

장애인운동계의 강력한 투쟁으로 2007년 시범 사업을 거처 2011년에 활동지원법이 제정되었고, 활동지원 서비스가 제도화되었다. 활동지원 제도는 중증의 장애인이 독립생활을 꿈꾸게 하는 아주 중요한 기반 중 하나이다. 하지만 영진이 시설에서 나오던 당시에는 활동보조 제도가 없었다. 복지관에서 연결해준 가사 도우미가 일주일에 두 번, 두세 시간정도 왔다 가는 것이 전부였다. 그러다보니 작업장에 일을하러 가려면, 보통 준비하고 출근하는 데만 서너 시간이 걸렸다.

함께 산 두 명의 언니들은 시설에서 나온 직후의 두려움과 막막함을 함께 나누는 '동지'이기도 했지만, 서로 다른 성향과 스타일을 맞춰 가야만 하는 동거인이기도 했다. D언니는 야행성이어서 늦게 자고 늦게 일어났다. 아침형 인간이었던 영진은 습관적으로 일찍 일어나고, 아침을 먹는 것도 중요하게 생각해서 처음에는 주말에도 늦잠을 자는 D언니의 생활 습관을 이해할 수 없었다. 하지만 아침에 부스럭대는걸 시끄럽다고 짜증내는 언니에 익숙해지고 나니 영진은 그러려니 하고 혼자 아침을 먹게 되었다. 여러 가지 면에서 같이 사는 게 쉽지 않았던 D언니를 이해하려고 많이 노력했지만 티격태격하는 건 어쩔 수 없었다. C언니는 영진에게 지금의 활동지원사 같은 역할을 해줬다. 필요한 물건을 가져다주고, 물을 마시고 싶다고 하면 물을 떠다주는 등 일상적으로도움을 많이 받았다. 그만큼 영진이 C언니를 도와주는 상황들도 종종 있었다. 언어장애가 심한 C언니를 대신해서 짜장면을 시켜주기도 하고, 다른 사람들에게 언니의 말을 통역해 주기도 했다.

처음 나왔을 때는 세 명이 함께 살다가 그 후에는 C언니와 한참 동안 둘이 생활했다. 너무 오랫동안 함께 살다보니 각자 혼자 살아보는 시간이 필요했다. 누군가와 같이 살아간다는 것은 피할 수 없는 갈등과 쌓여가는 애증이 늘 공존하는 시간이었다. 그런데 3년 전쯤부터 혼자 살아보니 혼자 사는 건 영진에게 맞지 않았다. 여러 사람과 함께 살았던 시간이 길었던 탓인지 혼자 살면 불편하기도 하고, 얘기할 사람도 없어서 허전하고 무섭기도 했다. 집에 들어가면 누군가 반겨주면 좋겠고, 일상의 수다를 나눌 수 있는 룸메이트가 있었으면 좋겠다.

시설에서 오랫동안 생활했던 대부분의 사람들에게 시설의 경험은 부정적이고 잊고 싶은 기억으로 남아 있다. 하지만 영진에게는 나쁜 기억으로만 남아 있지 않다. 시설에서 지냈던 시간들이 '감사한 경험'으로 남아 있고, 그렇게 생각하기 위해 스스로 노력해왔다. 물론 안 좋았던 기억들도 있지만, 그만큼 좋은 기억들도 있었다는 것을 떠올린다. 다른 시설에 갔다면 어떻게 되었을지 모르겠지만, 아마 더 열악한 곳에서 힘겹게 생활했을 것 같다. 그나마 영진이 살았던 재활원은 좋은 곳이었다고, '버려진 자신'을 키워준 '부모' 같은 역할을 해준 곳이라고 생각한다. 그래서 지금도 해마다 어버이날이면 재활원 이사장에게 선물을 보낸다. 재활원에서 독립할 때 여러 가지로 지원을 받기도 했고 지금도 집수리를 하는 데 도움을 받거나 정수기를 지원받기도 하는 등 관계를 이어나가고 있기 때문이다. 1년에 한 번은 생활 교사들과 같이 식사하면서 잘 지내는지 안부도 서로 묻곤 한다. 그럴 때 느껴지는 정이 각별한 듯하다.

동네의 장애여성들과 함께 살아가기

영진은 기본적으로 밖에 돌아다니고, 배우는 걸 좋아한다. 때로는 활동지원사들이 너무 많이 돌아다니는 자신 때문에 힘들다고 불만을 토로하지만, 영진은 돌아다니는 것을 포기할 수 없다. 자신은 그렇게 태어난 사람이고 그것을 바꿀 수 없다. 다양한 경험을 할 수 있는 기회와 재미가 영진에겐 중요하다. 그는 장애여성공감의 극단 '춤추는허리'에서 활동하며 다른 장애여성들과 함께 장애여성의 삶을 무대 위에서 펼쳐 보이기도 했다.

2007년에는 '춤추는 허리'의 팀장이 되어 극단을 이끌며 직접 공연을 연출했다. 그 과정에서 배우나 스탭들과 소통하는 일이 얼마나 많은 것을 결정하는 과정이며 쉽지 않은 작업인지를 실감했다. 또 장애여성공감에서 장애여성들의 경제적 자립을 위해 시도했던 '춤추는 베이커리'와 인권센터에서 일하기도 했다. 공감에서 활동하는 동안 미디어 교육을 받고 노동하는 할머니의 고단함을 담아낸 〈할머니와 야채〉라는 단편영화를 만들기도 했다. 일을 그만두고 난 후에는 2~3년 정도 동네 아주머니들과 영어교실을 다녔다. 많이 배우고 공부도 열심히 했던 것 같은데, 이제는 영어가 하나도 기억이 안 난다. 어쩔 수 없는 일이다. 노래교실도 다니고, 공예도 배우고, 떡 만드는 것이나 요리하는 것도 배웠다. 요즘도 복지관에서 괜찮은 프로그램이 있다고 연락이 오면 종종 참여한다.

기초생활 수급비로 생활하니 경제적으로 힘들 수밖에 없지만 나름의 쇼핑도 즐기고, 맛있는 것도 사 먹는 소소한 일상을 즐긴다. 그런 일상 중에서 좀 더 특별한 일이 있다면, 빠듯한 살림이더라도 친구들 생일은 잊지 않고 챙겨서 생일파티를 해주는 것이다. 친구들이 좋아하는 걸 보는 게 뿌듯하고 만족감을 준다. 영진 주변의 가까운 사람들은 같은 시설에서 살았던 친구들이다. 시설에서 살았던 사람들은 자기 생일을 정확하게 모르는 경우가 많고, 영진도 마찬가지다. 대부분 시설에서 정해준 날짜를 그냥 생일로 받아들이고 산다. 그렇기 때문에 생일을 축하한다는 것, 누군가가 기억하고 챙겨준다는 것이 좀 더 다른 의미를 가진다. 영진도 그걸 알기 때문에 친구들의 생일을 더 열심히 챙겨주려고 한다.

영진은 장애여성공감의 고덕동 시절을 함께했던 지체장애여성 중 여전히 활동하고 있는 소수의 회원 중 한 명이다. 예전처럼 자주 찾아오지는 못해도, 회원 모임이나 총회, 송

년회 등 중요한 날에는 잊지 않고 참석해서 올드 멤버들과 만나고, 공감 활동을 새롭게 시작하는 젊은 세대들과 만나기도 한다. 시설과 가까운 지역에서 살다보니 시설에서 함께 살았던 친구나 언니, 동생 들이 고덕동, 상일동 등 주변에 사는 경우가 많다. 얼굴 보면 반갑고, 아이들은 잘 크는지 안부를 묻고, 재활원에서 하는 행사가 무엇인지 정보도 공유한다. 영진에겐 이들과의 커뮤니티가 중요하다. 이사를 안 가고 이 동네에 쭉 살고 있는 것도 그 때문이다. 다른 지역의 임대아파트로 들어갈 기회도 있었지만 이들과 떨어질 수 없어서 그냥 포기했다. 형제자매처럼 느끼는, 친밀감이 남다른 이 끈끈한 사람들과 떨어져 산다는 것은 상상할 수 없다. 이 동네에서 계속 같이 지내기를 바라고, 아니면 임대아파트가 동시에 돼서 다 같이 이사하는 꿈을 꾸기도 한다.

한 사람을 키우고 싶은 마음

장애여성 친구들의 자녀들과의 관계도 영진에겐 소중하다. 큰돈은 아니지만 친구 딸의 학습지 비용 내는 걸 몇 년 동안 도와주고 있다. 친구 아이들에게 용돈도 챙겨주며, 아이들이 '이모'라고 부르면 그런 부분에서 위로를 받고 살아간다. '이모들한테 잘하는 게 중요하다는 걸 엄마들이 아이들에게 잘 가르쳐야 된다'고 생각한다. 나중에 아이들이 이런 이모, 저런 이모가 있었다고 기억해주면 좋겠다는 마음이다.

결혼을 하지 않았기 때문에 아이들을 더 각별하게 느끼는 건지도 모르겠다. 남자를 만날 기회가 별로 없었던 게 아쉬울 뿐이다. 예전에는 결혼해서 아이들을 키우며 가정을 이루고 싶었다. 장애남성과 두 번 정도 연애를 해보기도 했지만 말도 잘 안 통하고, 성관계에만 관심을 두는 모습이 싫어서 관계를 끊었다. 이제는 남자를 만날 일도 없을 것 같다. 다만, 한 사람을 키우고 싶다는 마음은 있다. 그게 어떤 마음인 걸까? 혈연 가족과 관계가 끊어진 영진에게, 아이를 키우고 싶다는 것은 "내 친구를, 내 가족을 만들고 싶다는 것. 나를 영원히 기억해줄 사람, 나를 묻어줄 수 있는 사람이 있으면 좋겠다"는 바람이다.

영진의 삶에는 한국이 고아, 장애인 등을 수용했던 시설의 역사가 그대로 담겨 있다. 그는 탈시설 운동이 본격화되기 전, 아무런 기반도 없던 2000년대 초반 시설에서 나왔다. 시설에서 지역사회로 독립을 실행한 첫 세대가 아닐까? 독립을 지원하는 제도와 기반이 거의 전무했던 시기에 누구보다 '나 자신'을 믿으면서, 막막했던 독립의 과정을 뚫고 가며, 내가 좋아하는 것을 찾고, 나에게 의미 있는 관계들을 챙겨왔다. 그리고 지금은 시설에서 나와 사는 장애여성들이 믿고 의지할 수 있는 '큰언니'가 되었다. 앞으로도 열심히 돌아다니면서, 아는 사람들을 만나고, 이마트에서 쇼핑을 하고, 친구들의 생일을 챙기면서, 그렇게 살고 싶다.

실패를 위한 활동, 포기하지 않는 몸

글: 이진희

장애인콜택시는 예약한 시간에 오는 법이 없다. 새벽같이 서둘러 준비해도, 두 시간 미리 예약해도 계획한 시간에 출발하리란 장담은 없다. 장애여성은 새벽같이 일어나고 두 시간 서둘러 준비하지만, 결국엔 지각을 하거나 너무 일찍 도착해 버린다. 나는 장애여성공감에서 15년 동안 활동하면서 무수히 많은 콜택시를 장애여성 동료들과 기다려왔다. 그 기다림의 시간 동안 느끼는 것은 때론 피로감, 집에 먼저 갈 수 없다는 책임감 섞인 동료애, 단둘이 있을 수 있단 기대감, 장애인이동권에 대한 분노, 특별할 것 없는 일상, 친밀하지 못해 견뎌야 하는 어색함 등 복합적이다. 장애여성 동료와 기다렸던 그 시간들은 다양한 감정과 대화, 관계로 채워졌다.

무수한 기다림은 예측할 수 없이 찾아온다. 외출을 보조할 활동지원사의 결근으로 연기된 회의, 고장 난 지하철 승

강기 때문에 다른 역으로 돌아오느라 지각한 아침, 더디게 익혔던 실무, 활동을 버거워하며 긴장하던 얼굴, 직면하지 못했던 순간들. 그러나 이 기다림은 비장애여성이란 사회적 정체성으로 살아가는 나에게 일방적인 것만은 아니었다. 회의 시간마다 의견을 내기 어려워 머뭇거렸던 시간, 장애여성 동료보다 더 많았던 지각, 속도보단 성실함이 중요했던 실무, 설명 없이 돌연 잠적했던 3년간의 부재. 타이밍은 자주 어긋났고, 나와 장애여성 동료는 예측할 수 없는 기다림과 갈등을 겪어내야만 했다. 이런 시간은 세상이 말하는 성공적인 타이밍과는 거리가 멀었고 시간을 버틸 수 있는 가장 든든한 자원은 아이러니하게도 사회적으로 자원이 없는 우리들의 '몸'이었다. 몸으로 살아가는 이들이 겪어야 할 연속적인 삶의 우연성 그리하여 실패할 수밖에 없는 타이밍이야말로 서로를 의지하여 살아갈 수 있는 동력임을 나는 장애여성 운동에서 익혀왔다.

힘이 아니라 기술이야

"힘이 아니라 기술인 것이여." 처음으로 휠체어를 미는 날, 장애여성 동료 M은 긴장을 풀어주려고 웃으며 나에게 말했다. 다른 몸을 차별하지 않는 방법을 익히는 것은 친절과 사랑을 보이는 것이 아니라 장애여성과 함께 일할 때 필요한 기술을 몸으로 습득하는 것에서 시작한다. 지금은 전동휠체어가 보편화되어 덜 유용하겠지만, 수동 휠체어를 이용하는 장애인이 많았던 15년 전 기술이란 대략 이런 것이었다. 가파른 경사길에서는 밀지 말고 지그재그로 당기듯이, 자갈길은 앞바퀴를 살짝 들고, 누군가 부를 때 내 몸만 돌리지 말고 휠체어 방향도 동시에 움직여야 함을 잊지 말아야 한다. 둔턱과 얕은 자갈밭, 모랫길의 파임과 덜컹거림이 휠체어에 앉은 사람에게 줄 미세한 충격을 함께 느껴야 밀고 당기는 손의 힘도 달라진다. 나는 이것을 의도적으로 '기술이나 노동'이라고 부른다. 장애여성의 의견을 존중하는 일상의 생활 방식은 감수성이 녹아든 집약된 노동이다.

'장애인은 이럴 거야'라는 추측이나 '장애인은 이렇게 대하라'라는 매뉴얼로는 체득할 수 없는 기술. 비장애인은 끝없이 몸을 부딪치고 시행착오를 거듭해서 익혀야 하고, 장애인은 비장애인이 알아듣게 설명하는 반복적인 노동을 거쳐야 한다. 그러나 이 기술은 장애인 저마다 몸에 맞는 방식이 달라서 한 장애인과 익힌 기술이 다른 장애인을 만날 땐 무용해지기도 한다. 때론 비장애인인 나의 제안으로 서로를 지원하는 더 나은 기술을 개발한다. 나는 이전에도 장애인운동 현장에서 장애인과 관계를 맺는 데 필요한 기술을 익힌 경험이 있지만, 장애여성공감과 만나고 장애여성운동을 하면서 조금 더 높은 감수성이 담긴 기술과 노동을 도전받았다. 책《페미니스트 모먼트》에서 장애여성운동의 동료인 나영정은 이 과정을 '개별성, 훈련하는 과정'으로 설명한다. 이 과정은 시작은 있지만 끝은 없어서 오래 알아온 장애여성 동료라도 서로의 몸의 변화에 따라 '훈련하는 과정'이 갱신될 수밖에 없었다. 나는 이것을 존엄이 담긴 기술과 노동이라고 부르고 싶다. 노하우도 원칙도 제각각인 기술들은 지원받는 위치에서 존엄성을 잃지 않으며, 장애인 스스로 선택할 수 있는 영역을 확보해나가는 고집스러움이기도 하다.

공통의 감각과 정치적 동료라는 입장

한국에서 장애인 활동보조는 2007년에 제도화되었다. 그전에 활동을 시작한 나는 장애여성 동료와의 보조에 익숙해질 수밖에 없었다. 활동보조를 위한 소통과 관계 맺음은 타인의 지원을 필요로 하는 몸이 잃지 말아야 할 존엄을 알려준다. 추상적인 존엄이 아닌 살아가기 위한 말들과 몸의 노동들 말이다. 존엄하기 위한 노동은 장애인만을 위한 것이 아니라 함께 일하는 나에 대한 배려와 존중으로 연결되었다. 보조하는 사람의 몸 상태는 괜찮은가, 보조받는 사람의 몸 상태는 보조하는 이에게 어떤 영향을 미치는가. 몸을 부딪치는 노동으로 기술을 익히는 것은 결국 서로의 취약함을 발견하고 인정하는 것이었다. 행여 다치지 않기 위해 몸과 감정에 대해 더 솔직하게 소통하며 서로의 몸에 기억과 흔적들을 남겨갔다. 나는 긴장과 고단함을 동반하는 몸의 만남들이 즐거웠다.

지하철에 휠체어 바퀴가 빠지는 순간엔 공포감을, 뚫어지게 관찰하는 시선엔 불쾌함을 함께 느끼고 불안했던 연애 경험엔 맞장구치며 시간들은 쌓여갔다. 서로의 말을 알아차리는 순간, 경험은 더 이상 개별로서 존재하지 않는 우리라는 감각을 일깨운다. 좋은 기억만 있는 것은 아니다. 차이를 인정하며 일하자는 선언이 일상에 자리 잡으려면 수없이 갈등할 수밖에 없다. 장애여성공감이란 공간이 갈등에 유독 강한 것도 아니지만, 이 공간은 특이하게도 갈등을 직면하는 것에 익숙해지게 서로를 단련시킨다. 회피하거나 우회하지 않고 끝까지 이야기하는 방식은 힘들고 독특한 문화다. 이 힘든 과정을 장애여성공감은 '저주받은 세라피'로 부르거나 '직면의 과정'이라 불러왔다. 의견과 감정을 표현하면서 자기 입장을 드러내도록 독려하는 것은 존중의 방식이지만, 많은 경우 힘든 도전이다. 솔직하지만 정확하게 표현하는 것은 공동 작업에서 필요한 과정이지만, 어떤 이는 상처받았고 어떤 이는 더 많이 말해야 하는 책임에 괴로웠다. 서로를 잘 안다는 건, 그만큼 관계의 책임을 동반하기도 했다.

많은 사람들은 '차이'를 장애만으로 상상하고 비장애인의 수고만을 짐작할 것이다. 하지만 운동하는 동료로서 서로의 차이를 마주한다는 것은 장애, 비장애만의 문제는 아니다. 운동하는 관점, 관계 맺기 방식이 서로에게 더 크게 영향을 주었으므로 장애와 비장애의 차이가 유달리 크게 보였다고 말하긴 힘들다. 돌이켜보면 장애여성공감에서 활동했던 수많은 동료들은 직면이 익숙하지 않고 공적 소통과 관계, 의사표현이 서툴 수밖에 없는 몸들이었다.

운동의 방향을 노정하기 위한 공통의 감각과 입장은 소수자 운동을 하는 이들에겐 이르기 어려운 과정이다. 사회적인 발언과 참여가 허락되지 않은 몸들이 모여, 사회의 규범과 부정의를 거부하는 입장들을 만들어나가는 것은 중층적인 부정을 거치는 것일 수밖에 없다. 장애여성공감은 그 몸들이 모여 수많은 직면 끝에 어렵게 하나의 결론에 다다르고 공통의 약속을 만들어나갔다. 긴 논의들은 대부분 몸에 피로감을 남겼다. 고단한 토론이라는 노동 끝에 다다르는 짧지만, 충분한 희열이 나를 아직 여기 남아 있게 한다.

'나는 과연 장애여성운동에서 주체일 수 있는가?' 긴 시간 내 머리맡에 늘 놓였던 질문이다. 그리고 비장애여성인 나는 뒤로 한 발 물러서서 장애여성운동의 주체는 장애여성임을 표현했었다. 그런데 장애란 무엇인가? 주체란 무엇인가? 운동이란 무엇인가? 이런 길고 복잡한 질문을 경유하지 않고 장애여성운동의 주체는 생물학적 당사자라는 쉬운 결론을 내릴 순 없다. '없다'라고 자신하는 것은 15년간의 장애여성공감의 운동이 내게 쥐어준 확신이다. 장애인복지법 시행령의 16개 장애 정의를 따라 운동의 주체를 구분한다면 장애라는 정체성을 다시 국가가 그어놓은 제도라는 한계 안에 가두는 것이다. 나와 장애여성공감의 경험에 비추어보면 운동적 동료라는 것은 장애와 여성이라는 사회의 기준만으론 달성되진 않았다. 나는 주민번호나 장애인등록증이라는 제도적 구분에 갇히지 않으며 동료로서 이름과 얼굴이 있는 만남을 원해왔던 것 같다. 그리고 장애여성공감은 장애여성이라는 정체성을 중요하게 생각한 만큼 정체성을 의심하고 재구성하려는 변주와 도전을 멈추지 않았다. 소수자라는 정체성에 자부심을 가진 얼굴 있는 관계들의 활동이 정치적 입장을 만들어내왔다. 갈등을 예고하는 공동 작업을 그래서 포기할 수 없었고, 실패의 연속선을 이어가야 직성이 풀리는 사람들이 여전히 이 공간에 남아 있다.

그럼에도 장애를 가진, 여성이라는 몸이 가진 경험들은 중요하다. 하지만 운동은 이 경험을 해석하고 맞설 수 있는 대안적 언어와 실천을 만드는 것에서 그 정체성을 찾아야 하지 않을까. 그런 의미에서 나는 당사자만이 이 운동의 주체라고 생각하지 않는다. 그리고 나와 관계를 맺고 있는 장애여성 활동가들은 나를 한 발 물러서 있어야 하는 사람으로 생각하지 않는다. 서로가 조금 더 치열해질 수 있는 동료로서 한 발 더 나아가게 할 수 있는 활동가가 되자고 나를 자극하고 추동해왔다.

사랑을 낯설게, 더욱 뜨겁게 실천한다는 것

"사랑합니다. 사랑해요. 진희 님 오늘도 건강하세요. 고맙습니다. 친구야~ 밥 묵었나. 보고 싶다 아이가." 발달장애여성 회원들이 보내는 문자는 하루의 시작과 마감을 알려주는 시그널이다. 사랑 사랑 사랑…… 왜 이토록 사랑을 갈구한단 말인가. 한동안 이해가 되지 않았다. 워크숍을 할 때도 주제가 무엇이든 많은 경우 '사랑'과 ♡로 자신을 표현하셨다. 그럴수록 난 더 소리 높여 우리에게 필요한 건 사랑보다 인권이라고 강조했다. 사랑 말고 다른 이야기하면 안 되냐고 재촉하기도 했다. 그러나 어느새 나는 사랑이 내 인생에 중요한 목표 중 하나가 되었다. 고백하자면 나는 많이 사랑하고 사랑받고 싶어 하는 존재다. 과거엔 사랑받지 못한다는 생각에 피해 의식이 자라나고 우울해져 사람을 떠나는 방식으로 나를 표현했다. 관계 맺음에 대한 지나친 열망은 오히려 나를 더욱 외롭게 했고, 타인과 깊은 시간을 갖기 어려웠다. 사랑한 만큼 상처받았고, 후회했으며, 미워했다. 사랑이 두려웠던 나에게 사랑이 가진 힘과 도전을 던진 이들은 발달장애여성 회원들이다. 발달장애여성이 습관처럼 내뱉는 사랑의 말은 관계 맺기의 존중과 배려라는 복잡한 과정을 함의하고 있었다. 진정한 존중, 따스한 눈빛, 다정한 손잡기, 맛있는 식사, 친절하지만 차별하지 않는 대화, 같이 울고 웃을 수 있는 추억. 사랑은 실제로 행할 때 존재하고 의도와 행동을 모두 필요로 한다는 벨 훅스의 말처럼 단순해 보이지만 거저 만들어지지 않는 순간들이다.

안타깝게도 동료로서 나의 에너지는 발달장애여성을 따라가지 못한다. 수십 년 집에서, 시설에서, 관계로부터 단절되고 공간적으로 고립되어 있던 발달장애여성의 응축된 에너지는 강하고 발산적이다. 인지와 학습의 더딤, 감각의 방식이 다르다는 것, 부끄러움을 모르거나 고집을 피우는 모습, 지나친 솔직함, 통제되지 않는 에너지. 부정적으로 발달장애를 묘사하는 언어다. 어쩌면 이런 다른 감각과 표현 방식, 에너지야말로 규범적인 사회에 저항하는 새로운 몸들일지도 모른다. 정상적인 사회의 규범에 맞추어 살 수 없기 때문에 부정되었던 몸들이 오히려 교양에 대한 다른 감각을 요청하게 한다. 모르면서도 아는 체하는 정중함이 아니라 '그게 무슨 말인데요'라고 묻는 솔직함은 지식 권력을 명징하게 보여주기도 한다.

발달장애여성을 존중하는 관계 맺기와 동정하는 봐주기식 소통이나 통제적 말하기는 한 끗 차이란 걸 종종 느낀다. 대화의 목표가 어디냐에 따라, 통제를 더 많이 받아들여야 하는 것이 누구냐에 따라, 도전과 변화가 누구에게 더 많이 주어지느냐에 따라 차이는 생겨난다. 장애여성공감도 여전히 그 주도권과 실행력은 비발달장애인에게 더 있다. 다만 주도권과 실행력이 발휘되는 방식과 속도, 주도할 수 있는 기회를 끝없이 배분하고 평가하면서 조금씩 다르게 해보는 방법을 멈추지 않는다. 발달장애여성 회원들은 오늘도 저녁 7시면 퇴근하고 집에 가자는 사무 공간의 약속을 아쉬워하며 집으로 발걸음을 옮긴다. 오늘 하루도 알차게 남김없이 최선의 에너지를 사무실과 교육장에 쏟아내고 걸어가는 뒷모습은 당당하다.

더 늙은 몸으로 같이 살 수 있을까

초등학교에 다닐 때 100미터 달리기는 누구보다 자신 있었다. 전력 질주하여 이기는 순간의 쾌감. 계주도 나의 승부감을 자극시켰지만, 반별 계주는 매해 복불복이라 최고로 잘 뛰는 사람들로만 팀을 이룰 순 없었다. 100미터는 짧아서 마라톤처럼 인내심을 필요로 하지 않았다. 계주처럼 호흡을 맞추는 긴장이 없었고, 오로지 짧은 순간 온 힘을 집중하여 앞으로 달리는 것이 좋았다. 공부엔 최선을 두진 않았지만, 달리기 1등은 놓치기 싫었다. 그런 내가 제일 싫었던 게임 중하나는 단체 줄넘기였다. 모두가 한 호흡으로 한 번에 뛰어야 하는 것. 이건 운이 아주 좋지 않은 이상 지기 일쑤다. 다리가 걸린 누군가를 원망할 수밖에 없는 게임. 나는 지금 장애여성공감의 운동이 마치 단체 줄넘기 같다. 호흡을 맞출 수 없는 여러 사람들이 모여 있다. 휠체어를 타거나, 다리에 장애가 있거나, 1, 2, 3 타이밍을 세는 것이 어색하거나, 지금은 뛰고 싶지 않거나, 지금이라는 타이밍을 다르게 인지하거나. 하지만 우리는 매순간 함께 줄을 넘는다. 열 번을 채우기 위해서가 아니라 넘지 못하는 것을 확인하기 위한 사람들처럼 말이다.

20, 30대엔 힘이 세고, 활동보조를 잘하는 것으로 꽤 인기를 모았지만 40대가 되니 체력도 순발력도 조금씩 처지는 걸 실감한다. 몸이 변하는 걸 느낄 때마다 장애여성운동 안에 있다는 것은 안도감을 준다. 이 자장이 더욱 넓어져 많은 사람들이 변해가는 몸에 대한 불안 속에서도 안도를 느낄 수 있기를 바란다. 운동하는 공간에 오래 머물렀던 나는 긴장을 이기는 훈련을 하려고 애썼다. 이제 40대가 된 내 몸은 긴장을 이기는 것이 아니라 긴장을 받아들인다. 그래도 더 나이든 몸은 상상만으로 알 수 없는 것이라서 두렵다. 두려움과 궁금증을 지금의 동료들과 나눈다면 덜어질 수 있으려나. 함께해온 동료들과 늙어서도 공동의 목표를 가지고, 몸과 마음을 쓰며 살아가고 싶다.

나는 언젠가 내 경험을 글로 쓰고 싶다고 생각했지만, 그 시기가 지금이라고 생각한 적은 없다. 언제나처럼 이 글도 예고 없이 찾아왔다. 왜 장애여성운동을 시작했어요? 15년 동안 현장에 있는 내가 주로 듣는 질문이다. 그러게. 왜 나는 이 운동을 시작하여 여기 머물고 있을까. 그렇지만 한동안 이곳에서 나의 인생의 많은 시간을 쓸 것 같은 예감이 든다. 유한하고 우연성의 반복이란 것 외에 삶은 예측할 수 있는 것이 별로 없다. 여성이란, 장애란, 인간이란, 운동이란, 말이란, 몸이란, 성이란, 교육이란, 일상이란, 차이란, 관계란, 존중이란 대체 뭐란 말인가? 답 안 나오는 질문을 끝까지 던지고 매해 답을 실천하는 사람들. 끝에서 달리는, 그래서 방향을 바꾸면 그곳이 시작인 이 공간. 미련하게 말하고, 쓰고, 움직이며 실패를 통하여 살아가는 이 몸들과 함께 있는 한. 무엇도 당연하지 않고, 그래서 멈출 수 없다.

강진경

전쟁을반대하는여성연대 WAW에서 활동을 시작했다. 연대 활동과 자원 활동으로 장애여성공감과 가깝게 만나오다 상근 활동으로 이어졌다. 장애여성공감의 잡지, 기획도서 등의 제작 및 편집 작업을 많이 맡아왔다.

김상희

장애여성공감에서 상근 활동을 했으며 개인적으로도, 운동적으로도 장애여성 독립생활 이슈에 집중했다. 중증 장애여성의 경험을 글로 표현하는 것에 관심이 많으며 현재 노들장애인자립생활센터에서 활동하고 있다.

나영정

장애여성공감 연구정책팀 활동가로 장애여성운동의 이슈와 다양한 소수자 운동의 이슈를 연결시키고 엮어내는 활동에 주력한다. HIV/AIDS인권활동가네트워크, 가족구성권연구소, 소수자난민네트워크 등에 참여하고 있다.

배복주

장애여성공감의 창립 멤버로 20년째 활동하고 있으며 주로 성폭력상담소 활동에 집중했다. 현재 장애여성공감 대표, 전국성폭력상담소협의회 상임대표를 맡고 있으며 국가인권위원회 비상임위원이다.

서지원

장애여성공감의 연극팀 '춤추는허리'에서 오랫동안 배우로 활동해왔고, 5년 전부터 연출을 맡고 있다. '춤추는허리' 활동을 중심으로, 연극, 퍼포먼스, 교육연극 등의 방식으로 장애여성 문화예술 운동을 해나가고 있다.

오희진

장애여성공감 장애여성학교 한글반 강사로 발달장애여성들을 만났다. 발달장애여성들이 한글 공부를 시작으로 자신의 경험을 이야기할 수 있도록 쓰기와 말하기 활동에 집중하고 있다.

이진희

노들장애인야학에서 교사로 활동하며 장애인운동을 시작했다. 이후 장애여성공감에서 활동하며 장애여성 문화예술 운동, 발달장애인 성교육 현장 등에 집중해왔다. 장애여성공감 사무국장, 차별금지법제정연대 공동집행위원장을 맡고 있다.

조미경

장애여성공감 장애여성독립생활센터[숨]에서 활동하며 장애여성의 관점으로 한국의 장애인 자립생활 운동을 재구성하는 활동에 집중해왔다. 장애여성독립생활센터[숨] 소장, 서울시장애인자립생활센터협의회 부회장을 맡고 있다.

어쩌면 이상한 몸

초판 1쇄 펴낸날	2018년 11월 19일
초판 3쇄 펴낸날	2021년 2월 19일
엮은이	장애여성공감
펴낸이	박재영
편집	이정신·임세현·한의영
마케팅	김민수
디자인	조하늘
제작	제이오
펴낸곳	도서출판 오월의봄
주소	경기도 파주시 회동길 363-15 201호
등록	제406-2010-000111호
전화	070-7704-2131
팩스	0505-300-0518
이메일	maybook05@naver.com
트위터	@oohbom
블로그	blog.naver.com/maybook05
페이스북	facebook.com/maybook05
인스타그램	instagram.com/maybooks_05
ISBN	979-11-87373-73-5 03330

이 책은 저작권법에 따라 보호받는 저작물이므로 무단전재와 복제를 금합니다.
이 책 내용의 전부 또는 일부를 이용하려면 반드시 저작권자와 도서출판 오월의봄에
서면 동의를 받아야 합니다.

책값은 뒤표지에 있습니다. 잘못된 책은 바꾸어 드립니다.